中华民族人文修养经典故事丛书

中小学德育教育[illegible]读本

恕

宽厚豁达之道

SHU
KUANHOU HUODA ZHI DAO

故事系列

编著　李彗生
改编　李　帆

人民东方出版传媒
東方出版社

图书在版编目（CIP）数据

恕——宽厚豁达之道 / 李彗生 编著；李帆 改编．—北京：东方出版社，2019.9
（中华民族人文修养经典故事丛书）
ISBN 978-7-5207-1127-2

Ⅰ．①恕…　Ⅱ．①李…　②李…　Ⅲ．①品德教育－中国－青少年读物
Ⅳ．①D432.62

中国版本图书馆 CIP 数据核字（2019）第 178419 号

恕——宽厚豁达之道
（SHU KUANHOU HUODA ZHI DAO）

编　　著：李彗生
改　　编：李　帆
责任编辑：蒋建平　陈建华
出　　版：东方出版社
发　　行：人民东方出版传媒有限公司
地　　址：北京市朝阳区西坝河北里 51 号
邮　　编：100028
印　　刷：成都紫星印务有限公司
版　　次：2019 年 9 月第 1 版
印　　次：2019 年 9 月第 1 次印刷
开　　本：880 毫米 ×1230 毫米　1/32
印　　张：10
字　　数：186 千字
书　　号：ISBN 978-7-5207-1127-2
定　　价：39.00 元
发行电话：(010)85924663　85924644　85924641

“中华民族人文修养经典故事”丛书

前　言

在漫漫五千年的历史进程中，中华民族创造了灿烂的中华文化。中华文化为人类的发展做出了卓越的贡献。以儒学为代表的中华优秀传统文化，源远流长，博大精深，熏陶孕育了一代又一代中华儿女，铸造了中华民族特有的气质和品格，铸就了中华民族独特的心理构成、思维方式和文化传统，成为海内外中华儿女的精神家园，是中华民族共同拥有的灵魂的根。历史告诉我们，能否继承本民族的优秀文化传统，是一个民族能否走向繁荣的重要标志。一个具有“精神脊梁”的民族，才是充满希望的民族！

近百年来，由于社会变革的历史原因，中华优秀传统文化的传承和发展遭受到很大的挫折，当今中国，出现了信念危机！我国改革开放历经四十年，中华民族迈进了伟大的复兴时代。当理智面对国家的繁荣时，却发现传统文化、道德意识在我们中间有些失衡，这不能不引起我们的深思和反省。

大力加强对青少年进行民族优秀传统文化的教育，将传统道德与时代精神相结合，普及中华民族优秀传统文化方面的知识，使其精华得以传承并发扬光大，才是中华民族优秀传统文化长盛不衰的希望所在。今天的中小学生，他们中有不少人或只埋头功课、追求分数，期盼金榜题名；或热捧歌星、影星、球星，而对中华文化做出巨大贡献的孔子、孟子及历代圣贤和传统文化却知之甚少，更缺乏系统的学习。只有大力普及推广优秀传统文化，才能使中华民族的优秀文化在他们的心里扎下根，才能使他们更加热爱自己的民族，热爱自己的祖国，肩负起新时代建设强盛国家、强盛民族的历史重任！

编著者结合现代文化传播的时代特点，推出的“中华民族人文修养经典丛书”将以孔子为代表的儒学文化精华之忠、孝、诚、信、礼、义、仁、和、廉、恕、智、行等优秀传统经典故事，把孔子之所以成为万代师表的人生轨迹，用连环画形式表现出来，变“阳春白雪，和者盖寡”为深入浅出，通俗易懂。通过大众普及传播方式，让中华民族优秀传统文化在海内外中华儿女乃至全世界民众中广泛传播，中华民族优秀的传统文化就有了发展的空间、成长的沃土，中华民族优秀传统文化这棵参天大树就能根深叶茂！

编辑出版这些人文修养经典故事，意在弘扬中华民族的优秀传统，“子规夜半犹啼血，不信东风唤不回”。希望本书中的故事，能在中华民族文化的传承中，成为提升国民素质的催化剂，去激发中华民族昂然崛起的生命冲动！

“中华民族人文修养经典故事”丛书

李彗生

2019 年 5 月

内容提要

“恕”，儒学中的重要伦理范畴，是指以仁爱之心待人，核心和出发点，也就是“推己及人”为恕，用自己的好恶去推想别人的好恶。孔子将“恕”视为道德的重要原则。他认为，人与人之间，对自己之欲求不能不有所节制，对他人之欲求不能不有所照顾，否则社会就会混乱，人与人就会发生冲突。所以，当人问他，怎样用一句话来概括人生的行为准则时，他答曰：“其恕乎，己所不欲，勿施于人。”

孟子很少讲到“恕”，但孟子继承了孔子推己及人的思想。他主张，人不懈地执行忠恕之道，就能很快地达到仁的境界。荀子则认为，“恕”是人们端正品行的重要原则，“恕”是人道之极、至仁之方和人的常行之术，并赋予其本体意义。这些思想对宋明理学产生了一定的影响。张载认为，“忠恕”乃是圣人之道，人如能做到恕就是仁人了。程颢、程颐继承了推己则为恕的思想，认为，人对上应该尽忠，待下应该尽恕。持久做到忠恕，便可以达到至诚的地步。朱熹也十分推崇孔子所倡导的忠恕之道。王廷相主张，君子要待人常恕，“养心裕德”就可使德感人，从而人人各得其所。可见，恕是中华民族传统美德的重要组成部分，它不仅能陶冶一个人的品格，还能调整整个社会的人际关系。一个人遵从恕道，就能为人宽厚，为政清廉。当一个人能设身处地为他人、为社会着想，人间就会充满爱意、礼让和公正。所以，即使是在充满竞争气息的今天，恕道仍是我们每个人应该恪守的美德。

我们推出的“中华民族人文修养经典故事”丛书——《恕 宽厚豁达之道》，个个故事独立成篇，图文并茂，简明扼要，紧紧围绕“恕”这一道德范畴，自成一家，其故事内容丰富，情节感人。如“鲍叔牙屈己让相”，春秋时期的齐国，有两个大政治家：一个是管仲，一个是鲍叔牙。鲍叔牙主动把相位让给管仲，管仲辅佐齐桓公小白，使他成为春秋时期第一位霸主。鲍叔牙虚己待人，不谋高位；齐桓公不计私仇，善于用人，留下了千古佳话。又如“韩信胯下忍辱”的故事，阐释了一个道理：受辱而不计较，受恩而又必报。这正是儒家的恕道所提倡的，韩信也因此成就了一番事业。

目录

目录

恕

宽厚豁达之道

SHU KUANHOU HUODA ZHI DAO

孔子不怨恨晏婴

1 孔子是春秋末期鲁国人。他是中国历史上一位大思想家、教育家、史学家，也是儒家学派的创始人。

2 他一生提倡忠恕之道，用这个道德标准，对学生循循善诱；而且在周游列国期间，劝告各国诸侯实行恕道；自己在实践中，也身体力行。

3 鲁昭公二十五年（公元前 517 年），鲁国三家大夫季孙氏、孟孙氏、叔孙氏，把国君昭公赶跑了。鲁国没有了君主，国内一片混乱。

4 孔子看到这里环境不安定，书也难教下去，就决定到齐国去推行自己的政治理想。

5 齐国国君齐景公早就听说孔子是个大学问家，所以孔子一到齐国，景公就接见了他，向他请教治国之道。

6 孔子毫不犹豫地说："要治理好国家，重要的是推行恕道。君王要像个君王，臣子要像个臣子；父亲要像个父亲，儿子要像个儿子。

7“果能如此，社会秩序自然会安定，国家会上下一心，坚如磐石了。现在天下大乱，无道行为时有发生，臣弑君，子弑父，这都是道德衰败的原因哪。”

8 齐景公听得津津有味，挺对心思，就问道：“先生，你看齐国还应该注意些什么？”

9 孔子毫不客气地说："贵国当前最严重的问题，是官员、富户豪华奢侈，铺张浪费。他们居华屋，吃美味，却不顾民间疾苦。"

10"您知道挨饿受冻的滋味不好受，就要想法别让百姓饿着冻着。富与贵，是人人所盼望的，不用正当的方法去得到它，君子不接受。"

11“贫与贱，是人人所厌恶的，不用正当的方法去抛弃它，君子也不能摆脱。”接着他又详细讲述了各种具体的礼节。

12 齐景公对孔子的议论非常欣赏，准备重用他，还打算把尼溪之地封给他。齐国的相国晏婴听说了这事，急忙跑到景公那里劝阻。

13 晏婴说："孔丘这帮读书人到处夸夸其谈。他的那套主张根本不切实际，尤其那些繁文缛节，谁也没法做。他的话也就是听听而已。"

14 齐景公觉得晏婴的话有一定道理，就不打算重用孔子了。这时有人告诉孔子："我们国君本来想重用你，可是他又是个极没主意的人，听了晏婴说你的坏话，就打消了用你的念头。你说这人……"

15 孔子没等他说完，就打断了他，说："虽然晏婴和我的主张不同，不过，我认为他还是个好人。"

16"你们齐国奢侈成风，可他身为相国，一件皮袍穿了三十年，还坐着那辆老马破车，国君要给他换一辆华贵的车，他坚决拒绝了。"

17“我听说，他很爱结交朋友，并且对朋友很有礼貌。这些正是干大事业的人的风度啊！尽管晏婴背后谈论我的话我不赞同，但是我不怨恨他。”

18 对说过自己坏话的人，不但不嫉恨，反而能实事求是地评论。看到孔子的这种精神境界，人们更加敬重他了。

19 孔子在齐国闲待了两年多，就又回到鲁国去了。

20 孔子五十一岁的时候，被鲁定公聘请去，先是任中都宰（都城行政长官），后又任司空，不久改任司寇。

恕

宽厚豁达之道

SHU KUANHOU HUODA ZHI DAO

晏子拒绝换新房

1 晏子，姓晏名婴，春秋时期担任齐景公的相国，以严于律己、厉行节俭的美德，名显诸侯，受到敬重。

2 有一天，齐景公来看望晏子。车夫把华丽的马车停在低矮的门户、简陋的茅屋前，说：“君上，相国的家就在这里，请您下车。”

3 齐景公看了看竟不肯下车，向车夫问道："你是不是弄错了地方？难道相国就住在这种地方？"车夫连忙回答："回禀君上，晏相国确实住在这里。我前去通报一声。"

4 得知国君驾临，晏子急步走出柴门，迎接齐景公进入室内。齐景公打量一番，屋中没有什么豪华陈设，白垩土涂抹四壁，虽说简陋，倒也洁净。

5 齐景公就对晏子说："你这房子低矮狭小，还潮湿发阴，又离集市太近，整天闹嘈嘈乱哄哄的。这怎能住？给你换一处环境清静、宽敞明亮的房子吧！你明天就搬家吧。"

6 一听齐景公要为自己换一座好房子，晏子一口拒绝。他说："我的祖先就居住在这里，我要是不能承继先人之居在此住下去，那是让我奢侈呀。何况这里离市场很近，早晚买东西也方便，不必麻烦君王为我换房了。"

7 齐景公听晏子这么说，开玩笑地问："你离市场近，知道什么货物贵，什么货物贱吗？"

8 原来齐景公正在国内施行酷刑苛法，动不动便处以刖刑，砍去百姓的双脚，所以齐国卖假脚的生意兴隆，价格飞涨。而卖鞋的行业却很萧条，还常卖不出去。晏子就乘机回答说："踊贵而屦贱（假脚贵而鞋子贱）。"

9 齐景公问道："这是什么缘故？"

10 晏子严肃地回答说："齐国的刑罚太多太重啊！"听完晏子的话，齐景公脸上显露出羞愧的颜色。他当下决定从此以后减少酷刑。

11 齐景公回到王宫以后，心里还惦着晏子房子的事。

12 他认为，一国之相住在那样破旧的住宅里，有损于齐国的威严，同时还会让人以为国君不贤明，有损国家形象。

13 齐景公主意已定：既然晏子不愿意换房，那就找机会给他另盖一座华宅。

14 恰好机会来了。鲁国有事情要与齐国协商，齐景公就派晏子为使臣，出使鲁国。

15 晏子走后，齐景公就命主管工程的官员监督工匠，为晏子另造新宅。他决定把晏子的左邻右舍搬走，拆毁他们的房屋，扩大晏子的住宅。

16 等晏子从鲁国返回的时候，他的新居已经建成了。晏子听说了这件事，回国后没有去新居，而是让车马停在郊外，派人去向齐景公禀报他的意思。

17 来人传达晏子的话说：“我贫穷愚顽，所以您扩建了我的住宅，我的罪过太大了。”

18 齐景公对来人说：“你回去把晏相国叫来，我当面对他说。”于是晏子来到王宫。

19 齐景公一见晏子，劈头就说：“先生住的环境太污浊，房子又小，所以我下令替你扩建了，希望你住得更舒适。先生您满意吗？”

20 晏子回答说：“我的房子是扩大了，可是搬走的邻居却不满意。这不是我希望的。我刚才来时，看到旧居还在，请允许我还是住旧屋，把新房让邻居们住。”齐景公一看晏子的态度非常坚决，也只好答应。

21 齐景公一心要让晏子住新房。有一天，他想好了个理由对晏子说：“我想早晚都能见到你，替你在宫内建一所房子怎么样？”

22 晏子回答说：“我听说过这样的话：退能不失显名，进能约束自己，只有最贤明的人能做到。

23“像我这样的人，整天忙于政事，哪有闲暇。您想让我住近点，实际上是使我远离了您，还是别造新宅吧。”

24 齐景公反驳说：“先君桓公赐给管仲一大块土地，管仲没有拒绝，您为什么要拒绝呢？”

25 晏子站起来，恭敬地说：“俗话说，智者千虑，必有一失；愚者千虑，必有一得。我想，这恐怕就是管仲想得不周到，而我偶然想对了的地方吧！”

26 晏子始终没有换房、扩房、建房。陋室不陋，在于主人安贫乐道，不与民争利。晏子在住宅问题上，表现出了屈己让人的高尚情操。

恕

宽厚豁达之道

SHU KUANHOU HUODA ZHI DAO

子皮让相扶子产

1 子皮，春秋时期郑国的执政大夫。他在执政后期，特别注意了解部下，准备从中选拔自己的继承人。

2 他发现大夫子产很有才能：子产出使晋国，不辱君命。到陈国参加结盟时，看到陈国不安抚百姓，预见到陈国不久就会灭亡，建议国君不能亲近他们。

3 子产为人正直仁爱，不与骄横奢侈的贵族为伍。所以，子皮决定把相国的职务让给年轻能干的子产。

4 有一天，子皮把子产请到府中，对他说："我已经老了，你年轻有为，要把国家治理好就全靠你了。我准备把执政的事情交给你。"

5 子产听后又激动又不安："我没有您的威望高，朝中受国君恩宠的人又那么多，他们能听从我的管理吗？"

6"你就放手去做。我带头执行你的命令，带领群臣听从你的安排，谁还敢触犯你？你就好好地治理国政吧。"

7 子产问道："郑国是个小国，夹在晋、楚两个大国之间，该怎么治理呢？"子皮开导他说："咱们国家小，但照样能富强起来。对大国要搞好关系，但又要拒绝他们干涉内政。内修国政，外结友邦，我们就站得住脚！"

8 子产执政以后，对有势力的贵族既任用，又加以限制，使他们做该做的事，又不准许他们胡作非为。对待那些忠诚俭朴的人，就听从并亲近他们；对待那些骄横奢侈而又违犯政令的人，就依法惩办。

9 郑国有个骄横的贵族叫丰卷，打算出去打猎，用新猎获的野味祭祀祖宗。他把人马集合好后，才向子产说明情况。

10 子产没有答应。他说：“只有国君祭祀，才用新猎取的野物，一般人只要大致够用就可以了。你不能为了祭祀而出去打猎。这是郑国礼法明文规定的。”

11 丰卷听后大发雷霆，认为子产刚执政几天，就敢对自己说三道西，是对自己的轻蔑，要给他点颜色看看。回去以后，他就召集部属、家兵围攻子产。

12 子皮听说之后，就赶到子产府上，阻止丰卷胆大妄为的行动，并把他驱逐出境。丰卷只好狼狈地逃到晋国去。在子皮的有力支持下，子产把郑国治理得越来越好。

13 有一天，大夫然明对子产建议说：“应该把乡校毁掉，以免百姓在那里聚会，议论国政的得失。”

14 子产制止说：“不能毁掉。人们一早一晚做完了事情，到那里游玩，议论政事的得失，这不是坏事情。他们认为好的，我就推行它；他们所讨厌的，我就改掉它。这都是我的老师呀。

15“我只听说过用多做善事来减少怨恨，没听说过靠权威来防止怨恨。权威能马上制止议论，但这就像给河水筑堤一样。洪水到来，冲毁堤防，伤人一定多，不如加以疏导。”子产的一席话说得然明不住点头。

16 子产执政的第二年，子皮想让尹何管理自己的封邑。子产说：“尹何太年轻，恐怕不行吧？”子皮说：“这个人谨慎顺从，我特别喜欢他。让他学习学习，他就更能知道怎样办事情了。”

17 子产向来尊重子皮，但在这个问题上，他坚持说：“您是郑国的栋梁，栋梁折断，椽子会崩散，我将被压在底下。今天，我不敢不说出心里话。”

18“对于珍贵的锦绣，您肯定不会让初学的人剪裁；封邑是您安身的地方，您却让初学的人管理。

19“您为封邑所想的可大大不及美锦了，我认为您的做法不够妥当。”

20 子皮惭愧地说：“你这真是肺腑之言，还是你站得高，看得远，都怪我老糊涂了。以后我的家事，也听凭你去办理。”

恕

宽厚豁达之道

SHU KUANHOU HUODA ZHI DAO

鲍叔牙屈己让相

1 春秋时期，齐国著名的政治家、军事家管仲辅佐齐桓公创立了霸业。

2 管仲之所以能拜相辅佐齐桓公，全仰仗好朋友鲍叔牙主动让出相位而举荐了他。

3　当时，齐国的商业较为发达。年轻时，鲍叔牙和管仲这一对好朋友就合伙经商。鲍叔牙有钱，就多拿出一些做本钱；管仲家中贫穷，本钱就出得少些。

4　他们做买卖赚了钱，每次分红利的时候，管仲都要多分一些，而鲍叔牙却要少拿一些。鲍叔牙手下的人对这种做法都很不满意，当着鲍叔牙的面说管仲贪得无厌。

5 鲍叔牙却解释说："你们误解他了，他哪里是贪图这几个钱，他家里生活困难，靠这些钱养家度日，我自愿让他多分点；再说管仲这个人，经营有道，善于理财。朋友之间就应该互相帮助，我比他富裕，他有难处我帮助他，我很乐意这样做，你们不要大惊小怪。"

6 手下的人听鲍叔牙这么说，都很佩服他的豁达大度。这话传到管仲那里，管仲也深受感动。

7 后来，两人又一起从军作战。不过，每次出征进攻的时候，管仲都落在后面；而退兵的时候，他又跑到了前头。

8 同营的士兵们都说他贪生怕死，不愿意和他一起打仗。鲍叔牙听了这些议论，就替管仲辩解，说："管仲家里有年迈的母亲，又体弱多病。他常常想着保护自己就是为了奉养老母，并不是胆小怕死。"

9 鲍叔牙总是替管仲辩护，甚至连他的缺点都加以掩盖，因为他了解管仲，对他的才智十分爱惜。

10 管仲为此十分感慨地说：“生养我的是父母，了解我的是鲍叔牙啊！”

11 齐僖公任齐国国君的时候，让管仲担任公子纠的师傅，让鲍叔牙担任公子小白的师傅。鲍叔牙认为小白年幼，又缺乏才能，在宫中的地位也低下，并不打算出任他的师傅。

12 他的朋友召忽说："你一定推辞不就任，我就姑且代替你，甚至为此而死，以使你免灾难。"鲍叔牙一听，忙说："怎么能让你这样呢？还是我自己接受任命来当小白的师傅吧。"

13 公元前698年，齐僖公驾崩，留下三个儿子：太子诸儿、公子纠和公子小白。太子诸儿即位，是为齐襄公。齐襄公昏庸又残暴，齐国前途令人担忧，于是管仲跟着公子纠到鲁国避难去了，鲍叔牙跟着公子小白到莒国避难去了。

14 不久，齐国发生了内乱，齐襄公被杀，公子纠和公子小白都急着回国夺取君位。

15 鲁国国君鲁庄公决定亲率三百辆兵车，护送公子纠回国。管仲带三十辆兵车到半路上拦截小白。管仲看小白端坐在车上，乘其不备，拉弓搭箭，直照小白射去。只听小白大叫一声，喷出鲜血，倒在车中。

16 管仲以为小白死了，就和鲁庄公陪着公子纠慢悠悠地向齐国进发。其实管仲只是射到了小白腰间的铜带钩，小白喷血是他咬破了舌尖迷惑管仲。

17 鲍叔牙立即陪同小白抄小道回到齐都临淄，拥立小白为国君，即为史上著名的齐桓公。

18 齐桓公即位后，提出要拜鲍叔牙为相。鲍叔牙推辞：“治理国家，结交诸侯，率兵作战，这些我都不如管仲。”

19 齐桓公气愤地说：“管仲用箭射我，想要我的命，我怎么能用他！”鲍叔牙开导齐桓公说：“管仲用箭射你是因为他要忠于公子纠。你任用他，他不仅会去射别人，而且还能为你射天下。”

20 齐桓公采纳了鲍叔牙的意见，发兵击败了鲁国，并强令鲁庄公杀死了公子纠。他派使者以报一箭之仇的名义接回了管仲。

21 齐桓公向管仲请教富国强兵的办法，管仲讲得头头是道，二人相见恨晚，于是齐桓公任命管仲为相，鲍叔牙做他的副手。

22 在管仲辅佐下，齐桓公成为春秋时期第一位霸主。管仲（史称管子）则成为“春秋第一相”。鲍叔牙虚己待人，不谋高位；齐桓公不计记私仇，善于用人，留下了千古佳话。

恕

宽厚豁达之道

SHU KUANHOU HUODA ZHI DAO

楚王命官员绝缨

1春秋时期，楚国的司马斗越椒趁着楚庄王亲自统兵征伐陆浑之际，在国内发动叛乱，想要夺取王位。

2 楚庄王得到信后，急忙率军赶回楚国平定叛乱。两军经过几番激烈的战斗，令尹子兰被楚庄王手下一名叫养由基的小校一箭射死，叛军大败，反叛被彻底平息。楚庄王全胜，班师郢都。

3 为了庆贺胜利，犒赏群臣，楚庄王在渐台上大摆酒宴，并且把所有的妃嫔全都带来了，以助酒兴，表示君臣同乐。

4“为了治理好国家，我已经有六年时间没有在这豪华的渐台上举行盛宴，观看歌舞。今天叛臣已被消灭，四境也已安定，我愿意和诸位一同欢乐一天，为各位有功的战将庆功，为国家得到安宁贺喜。今天的宴会，就叫太平宴吧。”

5 楚庄王叫众位官员一定要痛饮，一醉方休。说完，命参加宴会的群臣入座。

6 群臣们听完了祝酒词，又拜过楚庄王，才依次就座。侍从们穿梭往来，端上了一道道美味佳肴，奏起了优雅动听的音乐，舞女们挥动长袖翩翩起舞。

7 这一顿酒一直喝到日落西山，君臣都感到还未尽兴。楚庄王对侍从说：“掌灯！”

8 烛影摇曳，酒菜飘香，更勾起了大家的酒兴，有人已经醉醺醺的了。

9 楚庄王为了大家喝得满意，又命厨房添菜上酒。为了表达自己的诚意和喜悦的心情，楚庄王特意让自己最宠爱的妃子许姬端着酒杯，挨座给官员们敬酒。

10 许姬来到哪个座位，官员就站起来一饮而尽。许姬长得十分娇艳，风情万种，衣衫华美，阵阵脂粉香更使群臣意醉情迷了。

11　正当许姬在渐台上走来走去敬酒之时，忽然一阵狂风吹来，呼呼作响，帷帘飞动，火烛全都被吹灭了，大厅里一片漆黑，伸手不见五指。

12　就在这时，参加宴会的一名官员，乘着黑暗就前去拉扯许姬的衣袖，行为很轻薄。

13 许姬一边用左手紧拽衣袖，一边想赶快挣脱出来，但一时还无法脱身。她就急中生智，用右手一把抓住那人的帽缨，用力一拽，扯断帽缨。那人大吃一惊，连忙放开了许姬的衣袖。

14 许姬慢慢地摸到了楚庄王的跟前，附在庄王的耳边，声音低低地说道："臣妾方才奉大王之命，前去给百官敬酒。其间有一个人十分无礼，趁着灯火熄灭之时，强拉我的衣袖。我已经扯断他的帽缨，大王赶快让人点上灯，查一查什么人这么大胆！"

15 这时，侍者已经拿着火种来到渐台之下。楚庄王急忙向台下高声大喊：“火把先不要拿上台来，也不要点灯！”然后面对台上的百官说：“今天我来举办太平宴会，开始就约定与大家尽欢方散。现在请大家去掉帽缨痛饮，不扯掉帽缨的，不算是尽兴。”

16 等到大家都扯掉了帽缨，庄王才准许点燃灯烛。这样一来，就不知道是谁拽了许姬的衣袖。

17 席散回宫，许姬对庄王说：“大王让我敬酒，有人拽我衣袖，而您却不追查，这怎么严肃上下之礼，端正男女之别呢？”

18 庄王笑着说：“这是女人所不知道的事啊！古时候，君臣会饮，礼法规定不超过三杯，而且只是白天喝，夜间不喝。

19“今天定让群臣尽欢，秉烛夜饮，酒后露出狂态是人之常情。如果查出是谁失态而给他定罪，是彰显了你的贞节，却让臣子受了辱。这不是我设宴的本意啊。”

20 为了臣子的尊严，宁可让自己的爱姬受点委屈，正体现了楚庄王深谙恕道之精髓。

恕

宽厚豁达之道

SHU KUANHOU HUODA ZHI DAO

祁奚为国荐贤

1 祁奚是春秋时晋国人。他为人正直，不徇私情，晋悼公时被任命为中军尉。

2 他平时掌管军政，把军队治理得井井有条；作战时，他兼任主将的御者，冲锋陷阵，进退有度。

3 祁奚年纪大了，向晋悼公请求告老还乡。他对晋悼公说：“臣已经老了，不再适于担任中军尉了，请让我告老还乡吧，这对晋国很有好处。”

4“祁将军治军有方，又勇敢善战，还是再留任几年吧。像祁将军这样品德高尚的人，实在不可多得。”晋悼公说。

5 祁奚说："臣已老迈，不堪驱使了。晋国人才济济，选个中军尉还是很容易的。"

6 晋悼公问道："祁将军，那么谁可以接替你的职务呢？"

7“我看解狐完全可以！”听了祁奚的话，晋悼公大吃一惊。

8 他以为自己听错了，连忙问道：“您是说谁可以接替您？”“解狐。”祁奚提高了声音，斩钉截铁地回答。

9“我听说解狐与您有仇，为什么要推举他？”晋悼公满腹狐疑。

10“不错，解狐和我有私仇。不过我知道解狐这个人，他很有军事才能，完全能够胜任中军尉的职务。再说，国君问的是谁能继任中军尉，并不是问我的仇人是谁，所以我只能秉公举荐，不敢有私心。”祁奚坦然回答。

11　晋悼公也听说过解狐是个人才，既然祁奚竭力举荐，就决定答应他告老还乡，任命解狐为中军尉。

12　悼公派人召解狐进宫，准备当面宣布任命。可是派出去的人回来报告说，解狐几日前身患重病，刚刚亡故。

13 晋悼公不知任命谁合适，于是又把祁奚召进宫中，直截了当地问道："现在解狐已死，还有谁可以担任中军尉？"

14"祁午能够担任。"祁奚不假思索地回答。

15 听了祁奚的话，晋悼公又大吃一惊，以为自己又听错了，连忙问道：“您说谁可以担任中军尉？”

16“祁午！”祁奚再次提高了声音，又一次斩钉截铁地回答。

17 晋悼公茫然不解地问：“祁午不是您的儿子吗？”

18“不错，祁午是我的儿子。不过，国君是问谁能胜任中军尉，并没有问谁是我的儿子。”祁奚回复晋悼公。

19 晋悼公平时也听说过祁奚教子甚严，还知道祁午在军中受过训练，作战也十分勇敢，懂得用兵之法，就任命祁午为中军尉。

20 不久，副中军尉羊舌职也死了。晋悼公又把祁奚召进宫中。

21 晋公问道："您原来的副手羊舌职已经死了。现在您再为我推荐一个可以接替这一职位的人。"

22 祁奚回答道："羊舌职有两个儿子：一个叫羊舌赤，一个叫羊舌肸，这两个人都很有才能，国君任用其中任何一人都可以。"晋悼公就任命羊舌赤为副中军尉。

23 晋国大夫都十分佩服祁奚的胆量和度量。

24 孔子听说了这件事，赞扬祁奚“外举不避仇，内举不避亲”的“尚公”精神。

恕

宽厚豁达之道

SHU KUANHOU HUODA ZHI DAO

蔺相如宽宏大度

1 战国时期的赵国，有一个叫蔺相如的人，他不仅足智多谋、胆量过人，而且气量宏大、勇于忍让，被历代尊为讲求团结、顾全大局的模范，受到人们的称赞。

2 蔺相如曾两次出使秦国，保全了赵国的尊严，让赵惠文王免受屈辱，为国家立了大功。所以他得到赵王的信任，贵为上卿，地位在大将军廉颇之上。

3 廉颇很不服气。在家里，他当着门客的面大发脾气说：“我攻城略地，出生入死，为赵国立下的汗马功劳数都数不完。他蔺相如算得了什么！原来不过是一个门客，仅凭口舌之利一下子就爬到了我的头上，真是岂有此理！”

4 他身边的一些门客也连声附和：“要是没有廉将军在国内辅佐太子留守，威震秦国，光凭蔺相如耍嘴皮子也未必能占到什么便宜。”

5 一听这话，廉颇更是火冒三丈，愤愤地说：“你们等着瞧，他要是让我碰上，一定当众羞辱他一番，出出胸中的恶气。”

6 早有人把这番话传到蔺相如的耳朵里了，他想：廉将军英勇杀敌，雄震诸侯，强秦不敢轻易侵犯赵国，一是因为有我谋划方略，二是因为廉将军用兵有方。

7 我要是和他闹起来，势必会削弱国家的力量，秦国就会乘机进攻。为了国家，个人受点委屈算不了什么！

8 于是蔺相如就假装有病，不去上朝，免得和廉颇在朝廷上争排列的位次。蔺相如手下的人都说他胆小，议论纷纷，为他抱不平。

9 有一天，蔺相如带着一队随从外出，老远就望见廉颇的马车前呼后拥地过来了。他赶紧叫车夫把车赶到小巷里，暂避一下，让廉颇的马车先过去。

10 这一来，可把蔺相如的门客气坏了。他们纷纷责怪蔺相如胆小怕事，对廉颇的忍让也太过分了。

11 他们气愤地说：“您的官职比廉颇高，可他要侮辱您，您不敢吱声，还不敢在朝廷上跟他碰面。如今在半路上遇见他，又要藏藏躲躲的，让我们以后都没法出门了。”

12“我们的度量小，咽不下这口气，只好跟您告辞了。”蔺相如一听，笑了。

13 蔺相如对他们说：“你们看廉将军跟秦王相比，哪一个势力大？”他们异口同声地说：“廉颇当然比不过秦王。”

14 蔺相如说：“确实如此。天下的诸侯都怕秦王，没有人敢反对他。可是我为了赵国的利益，就敢在秦国的朝廷上当面谴责他。”

15 一个门客说："当时您把和氏璧以智赚回手中，表示宁可让头颅同玉璧一起撞碎在宫柱上时，秦王连忙向您赔不是。

16"您还在秦廷上历数秦国二十几位君主都不讲信义，说得他面红耳赤，无言以对，终使完璧归赵！可现在您的威风哪去了？"

17 另一个门客说：“听说您陪赵王共赴渑池之会，表示要在五步之内用颈血溅洒秦王，逼使秦王为赵王击缶。可如今您的胆量哪去了？”

18 蔺相如诚恳地说：“两虎相争，必有一伤。强横的秦国之所以不敢进犯赵国，还不是因为有我和廉将军同心协力抵抗吗？

23 蔺相如忙说："只要廉将军能体谅我，我就万分感激了。"

24 蔺相如为了国家忍辱负重，宽以待人，以恕为本；廉颇知错就改，都是难能可贵的。二人从此结成知心朋友，一心一意为赵国尽力，使得秦国十年不敢进犯赵国。"负荆请罪""将相和"的典故也成了历代传颂的佳话。

恕

宽厚豁达之道

SHU KUANHOU HUODA ZHI DAO

孟子提倡同情心

1 孟子是战国中期邹国（今山东省邹城市一带）人。他继承并发展了儒家学说，是我国历史上著名的思想家、教育家。

2 孟子四十岁以前，主要是收门徒，办私学，宣传儒家学说；四十岁以后，带领学生周游列国，推行儒家主张。不论讲学还是游说，他都以省刑罚、薄赋敛等恕道为核心，被后世尊为仅次于孔子的“亚圣”。

3 孟子在学堂里讲课，经常结合历史人物来启发学生，给学生们讲解君子应具备的最高德行。

4 有一天，他对学生们说：“你们听我说过孔夫子得意弟子子路这个人吗？子路面对别人指出他的错误时，不仅不计较，还很高兴，而且下决心改正。”

5“虞舜这个人更是了不起，他不仅知善必行，吸取别人的优点，而且还能引导感化别人一道行善。他到哪里去耕种，哪里的人就不再争田界；他到哪里去捕鱼，哪里的渔夫就把最好的地点让给老人，这就是君子最高德行的魅力。”

6 有一天，孟子的一个学生公孙丑问他：“怜悯之心对百姓和国君来说有什么不同吗？”

7 孟子答道:“每个人都要有怜悯心。百姓有这种心，就会注意道德，助人为乐；国君有这种心，就会体恤民情，与民同乐，与民同忧。

8 古代贤王就是凭着怜悯心治理天下，所以他们执政，就像在手掌上转动小玩意儿一样容易。”学生们听完孟子深入浅出的讲解，茅塞顿开，点头称是。

9 有一年，孟子周游列国来到魏国，魏惠王热情地说：“老先生，您不辞辛苦，千里而来，对我的国家会有很大的利益吧？”

10 孟子一听，就皱了皱眉头，说：“您为什么一开口就讲利益？只要讲忠恕就行了。您要是总说怎样才对我的国家有利，大夫、士子和百姓也都说怎样才对我本人有利，这样，上上下下互相追逐私利，国家便会发生危险了。”

11 魏惠王问："我治理国家，也算是尽了心了，为什么百姓并不增多呢？"孟子直率地告诉他："那是您喜欢战争的缘故，百姓不愿意到您这里来送死。"

12"百姓不愿意的事千万不要做，让百姓得到休养生息，投奔您的人自然会多。"

13 这时相国白圭插言道："我们国家注意治水，给百姓创造了很好的生产条件。不客气地说，我治理水患的本领比大禹还强。"

14 孟子打断他的话说："可别提你治水了。大禹治水，是顺应水的本性，把水导入四海；如今你却把水引到邻近的国家去，危害别国百姓。

15“这种损人利己的行为，没有一点善心，是人们最憎恶的。相国，你错了。”白圭被孟子说得面红耳赤，低下了头。

16 落井下石，以邻为壑，是恕道的反面；怜悯之心，与人为善，是恕道的核心。孟子提倡的正是这种精神。

恕

宽厚豁达之道

SHU KUANHOU HUODA ZHI DAO

韩信胯下忍辱

1 韩信是西汉时期淮阴人，他少年时期饱读诗书，苦学兵法，又拜过师傅，练过武艺，舞刀弄剑也有一套。

2 后来韩信父母双亡，家道中落。当时他既没有什么名气，也没人推举他出去做官，而他只知道读书习武，也不会经商谋生，常常过着半饥不饱的日子。

3 为了不挨饿，韩信总是厚着脸皮到邻居家里去寄食，次数多了，邻居们也都讨厌他。

4 这时，他所在的乡下，有个南昌亭长，心肠很好，看他喜欢读书，又总挨饿，就让他到自己家里去吃饭。每天到了吃饭的时候，韩信就到亭长家里去吃饭。

5 开始，亭长一家人也没有什么不好的表示。可是韩信在这里一吃就是好几个月，天天饭时来，饭后走，亭长的妻子渐渐地就厌恶起他来了。

6 有一天，亭长不在家，亭长的妻子一大早就把饭做好了，接着在垫席上很快地把饭吃完，然后把碗筷全都收拾得利利索索。

7 到了吃早饭的时候，韩信像往常一样来到亭长家里，可是看不到准备好的饭食，只能闻到残留的饭香。韩信知道了亭长妻子的用意，虽然心中不高兴，但也不好说什么，转身离开，从此一去不回。

8 韩信没有什么事情可做，就到城下的淮河边上钓鱼。钓到鱼，换几个钱，就吃顿饱饭；钓不到鱼，就只有饿肚子。

9 淮河边上有许多老妇人在那里漂洗丝絮。其中有个老妇，天天来洗。为了在这干一天活，老妇每次都带个饭篮子。老妇洗了一阵，饿了，就揭开饭篮吃饭。

10 韩信哪还有心思钓鱼呀，眼睛光顾盯着老妇手中的饭碗。老妇看见韩信饥饿的样子，就省下一些饭给他吃。韩信也顾不得害臊，接过饭碗就狼吞虎咽地吃了。

11 以后，老妇每天都特意多带些饭食，送给韩信吃。韩信对老妇十分感激，有一天，吃完饭，他就对老妇说："我将来一定重重报答您老人家。"

12 没想到这句话反惹得老妇十分生气，她说："一个男子汉不能自食其力，够没出息了。我是可怜你，才给你吃的，难道我还期望报答吗？"

13　老妇在河边接连洗了十几天丝絮，一直都给韩信捎些饭来。她语重心长地对韩信说："我倒希望你不要总在这里消磨时间，还是去做一番大丈夫应做的事吧！"韩信只好说了声"是"，有些羞愧地走开了。

14　韩信虽然贫穷，可也像一般武士、游侠那样，腰中总是佩着一把利剑。

15 韩信时常到淮阴城中的书肆上，站在那儿读自己没看过的好书。

16 城里的一班少年见了，总是取笑他，有的说：“韩信，你带把剑，算个啥呀？文不文武不武的，趁早摘下来，找个地方混饭去吧。”

17 其中一个卖肉的青年对韩信特别刻薄，当众羞辱他说：“别看你长得又高又大，还老带着剑，像是会两招，其实不过是个胆小鬼罢了。”韩信对他的侮辱，只当没听见，照旧走自己的路。

18 可是那个青年还不放过他，跑到韩信的前面，拦住了他的去路。

19 韩信问他要干什么，他挑衅地说：“你敢跟我拼一拼吗？你要是不怕死，就拿剑来刺我；要是不敢，就趁早从我胯下钻过去！”说着，他叉开两条腿，在路中央来了个骑马蹲裆式。

20 韩信抬起头来，两眼紧盯着面前的青年，嚅动着嘴唇，似乎想说什么。

21 过了很长时间，韩信慢慢低下头，趴下身子，从青年的胯下爬了过去。

22 满街的人都笑开了，认为他真是个胆小鬼，但韩信却像什么事也没发生似的，拍拍身上的土，照直向前走去。

23 后来韩信被刘邦拜为大将，又封为楚王。韩信派人找到当年的老妇人，给她千金作为酬谢。

24 韩信又找来那个卖肉的青年，让他做军官。他对手下人说："当年他侮辱我时，难道我不想杀他吗？但这不是杀人的理由，所以我就忍受屈辱钻过去了。"

25 受辱不计较，受恩必报，正是儒家的恕道所提倡的。

26 能忍胯下之辱的韩信也因此成就了一番事业。

恕

宽厚豁达之道

SHU KUANHOU HUODA ZHI DAO

孔融争死留美名

1 张俭，字元节，山阳高平（今山东邹城市西南）人。东汉桓帝延熹八年（165 年），张俭被山阳郡太守翟超任命为东部督邮。督邮是郡守的辅佐之官，掌管督察纠举所属县的违法之事。

2 当时，任中常侍的宦官侯览家在山阳郡，其亲属在当地仗势作恶，为害一方。于是张俭就上书参奏侯览及其亲属的种种不法行为，请求朝廷严惩。

3 但张俭的奏章落到了侯览手中。侯览暗中把它扣押下来，又指使手下的爪牙朱并上书诬告张俭，说他和同郡的二十四个人结党谋反，朝廷下令缉拿张俭。

4 张俭得到消息后被迫逃亡，一路上望门投止，也就是见有人家就去投宿，乞求得到暂时的藏身之处。

5 这一天，在差役严密追捕之下，情况十分急迫，张俭逃到了孔褒家。孔褒是孔子的后代，张俭认识他，认为那里安全，就想先到那里暂避一时。

6 张俭来到孔家门前，手打门环。听到叩门声，从里面走出一个十五六岁的少年来，他就是孔褒的弟弟孔融。

7 孔融也像哥哥孔褒一样，从小受到良好的家庭教育，得到家传的儒家思想的熏陶，懂得虚己待人。他四岁的时候，跟兄弟们一起吃梨，就知道把大的让给别人；十岁时就已经既聪明又有才能了，能当面驳倒太中大夫。

8 孔融出门一看，见是一个陌生人，就礼貌地问道："先生找谁？"张俭回答道："这是孔褒的府上吗？我和孔褒是朋友，前来拜访他。"

9 孔融一听是哥哥的友人，就连忙把他让进屋中说："家兄今日不在家，出门访友去了。"

10 张俭一听立刻显得有些紧张。他看孔融还是个少年，怕他担不起事，就没把自己被缉捕的事告诉他。但此时的张俭坐立不安，心神不宁。

11 张俭心里有事，孔融早就看在眼里，便直截了当地说：“张先生的事，在下已有耳闻。张先生大义凛然，弹劾侯览，今遭诬陷，逃难在外。家兄虽不在家，但我可以做主收留你，就请张先生屈居寒舍。”

12 孔融留张俭住了下来。但这个消息不知怎么传了出去，有个势利小人就偷偷地向官府告了密。

13 官府中有的差人平时就仰慕张俭公正无私，痛恨侯览为所欲为，就把官府要来缉拿张俭的消息通报给了孔家。

14 孔氏兄弟得到消息后，与张俭商量对策，决定让张俭连夜逃走。官府没有抓到张俭，就逮捕了孔褒、孔融兄弟二人。

15 在大堂上，司法长官廷尉问道：“张俭是朝廷缉拿的罪犯，你们竟敢窝藏！现在他逃到了哪里，从实招来。”

16 孔融连忙回答：“张俭是我收留的，与我哥哥无关。张俭到我家那天，哥哥出外访友，并不在家，请大人明察。一人做事一人担，我甘愿承担全部罪责，死而无怨。请放了我哥哥。”

17 孔褒没等兄弟把话说完，就打断他的话说："张俭是投奔我而来，放走他的也是我。孔融尚年幼，况且他只在家中读书，并不知道张俭之事。承担罪责的应该是我，此事与弟弟毫无关系。"

18 兄弟二人在公堂上互不相让，都坚持要承担罪责，经过几次审问，口供始终如一，弄得廷尉一时也难以定夺，只好禀明朝廷。

19 皇帝认为孔褒年长，又与张俭相识，就下令斩孔褒以定罪。

20 生，是人共有的欲望。为了能让别人活下去，自己宁肯去死，这种精神正是儒家所一贯倡导的。孔氏兄弟争死的壮举正是这种情况的具体体现。

恕

宽厚豁达之道

SHU KUANHOU HUODA ZHI DAO

甄宇单挑瘦羊

1 甄宇，是今山东省安丘市人，生活在东汉前期。他一生恬淡寡欲，容让他人。他想要得到的东西，如果别人也想得到，他就毫不犹豫地让给别人；他想要做的事，如果别人也想做，他就自己放弃，成全别人。

2 甄宇从小就特别喜欢读书，对于儒家的经典无所不读。年龄渐长以后，就专门研究孔子编著的《春秋》，在学问上完全尊奉孔子，在行动上也遵照儒家提倡的道德去做，因而在乡里有很好的名声。

3 光武帝刘秀建武年间，朝廷听说甄宇很有学问，又待人宽厚，就把他征召到京城洛阳，任命他为博士。

4 博士是教授官，在当时最高学府太学里任职，为太学生讲授儒家经典。

5 东汉选博士的标准是要有广博深奥的学问，隐居乐道，不求闻达，不与坏人往来，没有受王侯的赏赐，行为合于“四科”（淳厚、质朴、谦逊、节俭）的要求。甄宇从学问到人品都符合博士的标准。

6 甄宇在太学里，专门向太学生讲授严氏《春秋》。他阐述《春秋》大义，讲孔子作《春秋》，而乱臣贼子惧，告诉学生要奉行孔子倡导的“恕”道，自己不愿做的事，也不要强加给他人。

7 他克己奉公，恪尽职责，太学中有些琐碎事情，他都是自己亲自动手去做，从不让学生代劳。

8 甄宇处处以身作则，给学生们树立了好榜样，因而也得到了太学生的敬重。

9 古时候，每年农历十二月初八日为腊八节，是祭祀百神的日子。每至腊月八日，光武皇帝刘秀都要向太学颁诏，表示慰问，并赏赐每个博士一只羊，以资鼓励。

10 有一年，到了腊八节，光武帝派大臣到太学里去慰问。大臣宣读诏书说：“博士讲学，兢兢业业。焚膏继晷，十分辛苦。现在每位博士赐羊一只，带回家中，与家人团聚，欢度节日。”

11 诏书宣读完毕，博士们叩头谢过圣恩。随后使臣命随从把羊赶进了太学院中，点过数目，交付给太学的长官祭酒。祭酒和博士们高兴地送走了使臣。

12 祭酒回到院中，细一打量羊群，心中就犯了难。羊正好是十四只，博士也正好是十四位，一人一只，有什么作难的呢？

13 原来这些羊有大有小，肥瘦不一，该怎么往下分发呢？分到肥羊的，当然会高兴；而分到瘦羊的，难免会抱怨分配不公。他想来想去，也没有想出个万全的办法来。

14 最后，祭酒只好把博士们都召集起来，让大家商量，拿出每个人都满意的方法。

15 博士们早就看出皇帝所赐的羊大小肥瘦不等，也都在看祭酒怎么公平地分下去，现在一听让大家出主意，就纷纷地议论开了。

16 有一个博士说：“羊本来就有肥有瘦，如果每人领一只，怎么也不会平均。依我看，不如把羊全都宰了，大家分肉，每人一份，肥瘦搭配，就不存在不合理的事了。”

17 对这个主意，有的人赞同，但多数人不同意，认为血淋淋的肉不好往家拿。

18 于是，又有一个人出了个主意，他说："还是用抓阄的办法好，谁摊上什么样的，大小肥瘦全凭运气，也就不会有怨言。"

19 在众人七嘴八舌争论的时候，甄宇静静地站在一旁。他想，杀羊分肉，抓阄取羊，都有损于博士的声誉，会让世人耻笑的。于是对祭酒和众博士高声说：“还是一人领一只吧。让我先牵第一只。”说着就走向了羊群。

20 大家都用疑惑的眼光看着他，只见甄宇在羊群中选来选去，最后挑了一只最瘦小的牵走了。

21 大家看到这种情形，就没人再争执了，都你谦我让，争着挑小的、瘦的。

22 皇帝听说了这事，下诏书予以褒奖，京城里的人也都赞扬他，管他叫“瘦羊博士”。挑瘦羊是一件小事，从中却可以折射出一个人的胸怀。

恕

宽厚豁达之道

SHU KUANHOU HUODA ZHI DAO

曹操割发代首

1 曹操，东汉末年著名的政治家、军事家和文学家，三国时期魏国的奠基人，历任东汉大将军、丞相，后尊为魏王。

2 曹操的成功和他善用谋略、恪守恕道有直接关系。建安二年（197年），曹操发兵征讨张绣，张绣先降后叛，曹军被打得大败，曹操本人也受了伤。

3 在溃退途中，曹军的纪律十分混乱。独有大将于禁所率残部几百人，边战边退，虽有伤亡，队伍却不乱。

4 路上有十几个难民，赤裸着身体，遍体伤痕，见到于禁的队伍过来，慌忙躲避。

5 于禁止住他们，上前询问。难民们大着胆子说：“一伙青州兵，剥了我们的衣服，抢了我们的包袱，还打了我们。”

6 于禁一听，十分愤怒。他想：青州兵是主公曹操亲自带领的军队，竟敢拦路抢劫，这不是败坏曹公的名声吗？于是他严厉地责罚了抢劫民众的青州兵，还杀了几个为首的示众。

7　于禁刚回到营地，就听说青州兵在曹操那里告了状，说他责打士兵，并随意杀人，但他没急于去申辩，而是指挥手下的将士抓紧时间修筑营垒。

8　直到晚上，于禁看着坚固的营垒筑成了，又把巡哨守营等事布置妥当，才去拜见曹操。

9 曹操见于禁来到营帐，就满脸不悦地问道："听说你早已回到营地，为何不早来见我？"

10"张绣之兵离我不远，壁垒不坚，怎敢擅离职守？"

11“于将军为修营筑垒，迟来禀报军情，我不怪你。可你为什么杀了我的青州兵？”曹操忽然转到另一个话题。

12“回禀丞相，军法不严，乱兵难止。我杀人是为了制止抢劫。”

13 于禁理直气壮地回答，并把青州兵途中抢劫的事从头至尾讲了一遍。

14 曹操听完，十分赞赏于禁的做法，并且沉痛地自责说：“此次败于张绣，怪我平时治军不严。我认为青州兵随我起事，跟我转战多年，又多有战功，难免有所袒护。没想到竟发生了今天这样的事。真是深刻的教训啊！”

15　曹操立即召集众将领，表彰于禁严于治军的精神，检讨自己治军不严的过错，要求众将对部下要严加管束。

16　鉴于这次失败和于禁军纪的严明，曹操感到要建立一支攻无不克、战无不胜的军队，必须有严明的军纪，而且一定要赏罚分明。

17 于是，他陆续颁布了各种军令、战令，并且向全军宣布，不论什么人，连他自己也在内，谁违犯了律令，都要受到严厉的惩罚。可是，谁会想到，曹操竟触犯了自己颁布的军令，这该如何处置？

18 那是建安三年（198 年）四月，第三次讨伐张绣时发生的事情。当时正是麦熟时节，百姓见大兵拥来，全都四处逃避，不敢下田割麦。曹操当即下令："全体将士不得骚扰百姓，所过麦田，不得践踏，违犯者一律斩首！"

19 命令一下，军兵个个小心，经过麦田时，都下马缓行，用手扶麦，一个接一个地沿路而行，没有人敢任意践踏麦子。曹操当然也是倍加小心。

20 来到大路上，曹操上马，正行走之时，麦田里突然惊起一只斑鸠，撞在曹操所乘战马的头上。那马受到惊吓，窜入麦田之中。曹操紧勒缰绳，但已经踏倒了一大片麦子。

21 他立即叫来行军主簿，让他拟定自己践麦之罪。主簿说：“明公是国家丞相，一军之主，怎能定罪？”

22 曹操说：“我定的军令，自己又违犯，不治罪，凭什么服众？”说完拔出佩剑，就要自刎。

23 众人急忙上前制止。曹操沉吟良久，说："大敌当前，我身为主帅，暂免一死。"话音刚落，挥剑割下一绺头发，扔到地上，说道："割发权代首。"曹操派人带着头发传示三军："丞相践踏麦田，本当斩首号令，现在割发以代。"

24 现代人对割发习以为常，但古人认为：头发是从父母那里继承来的，随便割掉不仅大逆不道，而且是不孝的行为。曹操作为封建时代的政治家能割发代首，表明他严于律己，使队伍纪律严明，他也因此取得了成功。

恕

宽厚豁达之道

SHU KUANHOU HUODA ZHI DAO

曹操烧信安众心

1　三国时期，袁曹官渡之战，是我国历史上一次以少胜多的著名战役。

2　当时，袁绍实力雄厚，粮草充足，有 70 多万人马；而曹操只有 7 万人马，远离后方，粮草十分缺乏。

3 袁绍刚愎自用，心胸狭窄，不肯采纳谋士的正确建议。

4 曹操虚怀若谷，宽宏大度，广泛征求谋士的意见，从而做出了正确的决策。最后，官渡之战曹操以弱胜强，取得了战争的胜利。

5 战前，沮授、许攸等谋士多次向袁绍建议，要利用兵多粮足的优势，采用持久战的战略，拖垮曹操。但是袁绍没有接受，他命令大军向前推进，渡过黄河，准备发起大规模进攻。

6 曹操在官渡与袁绍相持了八个月，粮草眼看就要用光。正在这时，袁绍的谋士许攸因为所提的建议不被采纳，留在河北的家眷也因犯法被抓，于是溜出军营，投奔了曹操。

7 许攸告诉曹操说："袁绍有军粮一万多车，全都屯积在乌巢。如果派一支骑兵前去偷袭，把粮囤全都烧毁，用不了三天，袁绍就会不战自败。"

8 第二天，曹操亲自带领五千人马，打着袁军的旗号，进入乌巢，放起大火，把粮草全部点燃。

9 袁绍在军帐中接到报告，说是北面火光冲天，恐怕是乌巢出了事。他立即召集军将、谋士商议对策。

10 大将张郃说："请派我和将军高览同去救援乌巢。倘若乌巢失守，我军便危在旦夕。"

11 另一个谋士郭图说："曹军劫粮，曹操必率军亲往，大营定会空虚。可派重兵去袭击曹营，必能一举成功。"

12 张郃再三劝阻，袁绍不允，只派少数兵马去救乌巢，仍派张郃、高览到官渡去进攻曹营。

13 曹操早在大营中设强兵防守，烧完乌巢又急速率军而回，把张郃、高览打得大败。

14 张郃、高览败回袁营之后，听说袁绍要抓他们去问罪，高览便杀了前来传令的将士，二人带着本部人马，投降了曹操。

15 袁绍失去了谋士许攸，又走了大将张郃、高览，加上乌巢粮仓被烧毁，营中顿时人心惶惶，军无斗志。

16 许攸建议曹操火速发兵，乘势进攻。当天半夜时分，曹军三路出兵，袭击袁绍的大营。曹军越战越勇，袁军死伤大半，剩下的四散奔逃，溃不成军。

17 袁绍看看大势已去，又怕曹操进攻大本营邺城，惊慌失措，来不及戴头盔、穿铠甲，只戴了头巾，穿着单衣，就仓皇上马逃命。袁绍只带领随行的八百多人，渡过黄河，向邺城逃去。

18 曹军一直追杀到河边，才停止追击。这一仗，曹军杀死袁兵八万多人，袁军的鲜血染红了河水，淹死的更是不计其数。

19 战斗结束后，曹操命人清点战利品，把所获得的金银珠宝、绫罗绸缎全都分给了士兵，又把文书档案、地图书籍全部归拢到一起，加以整理，以便分析敌情，作为日后行军作战参考之用。

20 在清理过程中，有人在乱纸堆里发现了一捆书信，上面附着一张纸，标明这些信件全都是来自曹操的根据地许都以及现在的曹军之中。

21 曹操的亲信们说："这些都是我方人员与袁绍暗通的书信，打开仔细看看，看他们都说了些什么。"

22 还有的说："要按信查对姓名，把他们都揪出来杀了。"曹操连忙制止说："不行。当时袁绍强大，连我也不能自保，何况别人呢？"

23 曹操连一眼也没看，就下令把这捆信全部烧掉，表示既往不咎，迅速安定了人心。

24 曹操能以己心比人心，能设身处地地想到部下的处境，不作苛求，因此以“恕”赢得了人心。

恕

宽厚豁达之道

SHU KUANHOU HUODA ZHI DAO

刘备不嫁祸于人

1 刘备在江夏平定了张武的叛乱，得到他所骑的千里马，骑着它率军回到荆州。

2 刘表亲自到城外迎接，看到刘备的坐骑身高腿长，毛色光洁，两耳直竖，尾如钢针，就流露出喜爱之意，向刘备问道：“贤弟，你骑的这匹马从哪里得来？”

3“这马本是张武所骑，他被赵云一枪刺于马下，从阵前牵了回来。”刘备如实答道。

4“这真是一匹千里马！”刘表目不转睛地盯住骏马，连连地称赞，“宝马，宝马！”

5 刘备看出刘表特别喜欢这匹马，就毫不犹豫地说：“我愿将这匹马送给将军。”说着，就将缰绳递到刘表手中。刘表假装谦让推辞了几句，就骑着它回到城中。

6 谋士蒯越看到刘表骑马过来，端详了一阵，问道：“将军的马是从哪里得到的？”

7“刘备从张武那里夺来，又转送给了我。”刘表回答。

8 蒯越说：“我哥哥特别善于相马，我从他那里学到不少知识，对马也颇有研究。这匹马眼下有一道泪槽，额边长着白点，名叫‘的卢’。它虽然是一匹千里马，却对主人有妨害。张武就是被这匹马克死的，将军千万不能骑它呀。”

9 刘表听信了蒯越的话，第二天就把马还给了刘备，还对他说：“昨天承蒙惠赠良马，深感厚意。但回府后又感到不妥，贤弟时常在外征战，最需要良马，君子不掠人之美，特此奉还。”听刘表说了这番话，刘备也不推辞，当即牵了回来。

10 刘表的夫人对刘备来到荆州十分不满，就与他的弟弟蔡瑁商议，决定在百官盛宴之时杀死刘备。

11 盛宴正在进行，有个叫伊藉的官员把蔡瑁的阴谋暗中通知了刘备，并让他从西门逃跑。

12 刘备大吃一惊，借口上厕所，飞身上马而逃。后面大批追兵紧紧追赶。跑着跑着，前面有一条名叫檀溪的河流拦路。

13　后有大军追赶，前有檀溪拦路，刘备扬鞭策马渡溪而行。忽然马陷前蹄，刘备连加几鞭，那马耸身而起，一跃三丈，飞上岸去，载着刘备脱离了危难。

14　刘备继续策马而行，忽听前方传来阵阵歌声，一位器宇轩昂、衣着朴素的书生，正唱着歌向他这边走来，歌声中表达了思求明主的渴望。

15 刘备急忙跳下马来，向他施礼问讯："敢问先生尊姓大名？为何在山野之间浅吟低唱？"

16"我叫单福，早就听说使君有扶危济世的雄心，又心地宽厚，想投奔麾下，但不敢冒昧，就放歌抒怀，好让您听到。"

17 刘备见到贤士，非常高兴，就邀他回府，待为上宾。单福说："刘使君，我看您这匹马叫'的卢'，虽然是千里马，却妨克主人，不能骑！"

18 刘备说："不错，我也听说是'的卢'，而且已经应验了。"于是把马跃檀溪之事从头到尾讲了一遍。

19 单福说："这是救主，不是妨主。不过我倒有一个办法可以消除灾祸。"刘备说："请先生指教。"

20"可以把马送给你的一个仇人，等到克过这人之后，您再骑就平安无事了。"

21 刘备没等他说完，立刻变了脸色，严肃地说：“先生刚到这里，不教我正道，怎么教我做损人利己的事呢？我宁肯自己承担灾祸，也不能推给别人。”

22 单福这才笑着说：“都说刘使君宽容忍让，度量宏大，但只曾耳闻，不知真假。今日想借相马之机试探一下，果然名不虚传。”

23 原来，自称单福的人真名徐庶，年轻时除霸离乡，为避祸改名单福，颇富文韬武略。

24 刘备便拜他为军师。以后，徐庶辅佐刘备一连打了几次胜仗。

恕

宽厚豁达之道

SHU KUANHOU HUODA ZHI DAO

陶谦让城不传子

1 东汉末年，群雄并起，战乱不已。当时的徐州刺史陶谦宽厚容让，廉洁贤明，深得官民的拥戴。

2 陶谦感到自己年事已高，应当选一个有才能的人早日接替自己，为徐州百姓造福。他有两个儿子，但都不成器，没有能力，待人又不宽容。他认为让他们接任，会给徐州百姓带来灾难。

3 有一年，陶谦的部将张闿杀了曹操的父亲曹嵩，曹操就亲率大军攻打陶谦，扬言要血洗徐州。

4 刘备和孔融应陶谦的请求，带兵前去救援。刘备英勇善战，舍死忘生，打退曹军，首先进入了徐州城。

5 陶谦早就听说过刘备礼贤下士，宽宏大度，今日一见，更觉得他胸怀大志，出语不凡，于是决定把徐州让给他管辖。随后，他命人把徐州刺史的官印取来，双手递给刘备。

6 刘备愕然，慌忙起身离座，连连摇手说：“您这是什么意思？”

7 陶谦诚挚地说："现在天下大乱，生灵涂炭。您才能卓越，又年富力强，正是为国为民尽忠出力的时候。我已年迈，情愿将徐州相让，请您接受我的委托。我马上申奏朝廷，望您不要推辞。"

8 刘备听后，坚决地说："我功微德薄，现在治理平原还担心不称职，怎么敢接受徐州刺史之任。我本为解救徐州而来，现在让我得到徐州，是陷我于不仁不义之地。您莫非怀疑我有吞并徐州之心吗？万万不能从命。"

9 陶谦再三相让，刘备坚辞不受。谋士们说：“现在兵临城下，还是商议退敌之策要紧，等形势稳定下来，再议此事不迟。”陶谦只好暂时放下此事。

10 刘备写信给曹操，劝他讲和。曹操正好接到报告，说是吕布已经袭取了兖州，占领了濮阳，正向自己的大本营进军，就趁势给刘备个人情，撤军而回。

11 在庆功宴结束以后，陶谦又请刘备坐于上首，当着众人的面，第二次提出让贤。

12 陶谦说：“我已风烛残年，两个儿子缺少才能，担任不了国家重任。刘公德高才广，又是汉朝王室的后代，我认为由他担任徐州刺史，最合适不过了。我情愿拱手相让，闲居养病。”

13 刘备接连摇头，说："我来救徐州，为的是急人之难。现在无缘无故地据而有之，普天下的人就会认为我是乘人之危，说我是无仁无义之人，那我只好告辞了。"

14 陶谦流着泪说："你若不答应，离我而去，我是死不瞑目啊。"

15 刘备的部下和陶谦的部下都劝刘备接任。张飞快言快语地说：“你又不是强要他的州郡，是陶刺史好心相让，何必苦苦推辞。”但刘备执意不受。

16 最后，陶谦只好说：“刘公一定不肯答应，那就暂时放下这件事。不过，在这附近有座小城叫小沛，请你暂在那里驻军，帮我保卫徐州，不要再回平原了。”刘备勉强答应了这个请求。

17 不久，陶谦忽然患了病，而且一天比一天沉重。他知道自己将不久于人世，决定第三次向刘备提出让出徐州，就以商议军务的名义，派人从小沛把刘备请进府中。

18 刘备赶到时，陶谦已经奄奄一息，他紧紧握住刘备的手说：“请刘公来，就是请您接受徐州印信。望君以国家为重，不要再推辞了。由您来治理徐州，我死也瞑目了。”

19 刘备说：“您有两个儿子，为什么不传给他们？”

20 陶谦说：“他们缺乏治理政事的才能。我死后还希望你好好教导他们，但万不可传位于他们。”刘备还要推托，但见陶谦手指胸口，慢慢地咽了气。

21 徐州官民遵照陶谦的遗言，一致拜请刘备接受官印。刘备推辞不了，只好答应暂时管理徐州。

22 刘备决心匡扶汉室，但不掠人之美；陶谦为了徐州百姓，真心相让，不传给儿子。他们两人可算是遵行恕道的双璧。

恕

宽厚豁达之道

SHU KUANHOU HUODA ZHI DAO

诸葛亮七擒孟获

1 诸葛亮是东汉末期的人，在人们的心目中是智慧的化身。他的智慧来自“集众思，广众益”。

2 自从刘备三顾茅庐请他出山以后，他辅佐刘备三分天下有其一，形成鼎足之势。他足智多谋，严于律己，宽以待人，从而让上下齐心协力，真诚相待。

3 孟获是西南地区少数民族的头领，在当地很有影响。他趁蜀国与吴国交战新败，蜀国元气大伤且刘备刚死之机，发动叛乱，率兵犯蜀。

4 这次叛乱严重影响了诸葛亮北伐中原、统一全国、重兴汉室的计划。

5 为了镇压叛乱，诸葛亮兵分三路，挥师南下。在行军途中，马谡奉蜀帝刘禅的差遣，前来劳军。

6 诸葛亮虚心地向他讨教用兵的谋略，马谡说："孟获依仗地远山险，不服已久。虽然今天打败了他，但丞相班师北伐，他必然再反。

7“用兵之道，还是攻心为上，攻城为下；心战为上，兵战为下。愿丞相收服其心。”诸葛亮连声赞叹道：“马将军真是看透了我的肺腑啊！”于是任马谡为参军，留在军中，参与谋划。

8 为了征服孟获的心，使他心悦诚服地服从蜀汉的统治，以后不再叛乱，诸葛亮命令将士一定要生擒孟获。

9 孟获见蜀军杀来，发兵迎战。刚一交战，蜀军就且战且走，退出二十余里。孟获正沿山路追赶，忽然喊声大起，蜀兵从两旁杀出，孟获中了埋伏。蜀兵抓了大量俘虏，孟获也被活捉了。

10 诸葛亮早已命人解开俘虏的绑绳，安抚他们说："你们都是好百姓，只是被孟获胁迫，不得不来交战。我想你们的父母、兄弟、妻子定然倚门而望，牵肠挂肚，现在我全放你们回去。"说罢，赏给他们酒饭粮食。俘虏们深深感谢诸葛亮的恩德。

11 武士们前推后拥，把孟获押进军帐中。诸葛亮高声问道：“我们待你不薄，为什么要反叛？如今你已被生擒，你是否心服？”

12 孟获不服气地说：“山僻路狭，误中了你们的埋伏，我不是战败的，真要硬打硬拼，我定能取胜。现在我心中不服。”诸葛亮说：“既然如此，我放你回去，容你再整治军马，前来一决雌雄。”

13　孟获不客气地说："如果那时再被捉住，我才心服。"诸葛亮命人摆上酒席，招待孟获又还他战马，派人送出蜀营。

14　蜀国众将来到军帐，对诸葛亮说："孟获是南中的巨魁，现已被擒，南中就安定了，丞相为什么要放掉他？"诸葛亮笑着说："我放此人，南中才能长久安定。"众将听了，都半信半疑。

15 孟获回到本寨以后，重整人马，和诸葛亮一战再战，最后一次，蜀军用油车火药把孟获的三万藤甲军烧死无数，孟获在谷外接应失败，第七次被生擒。

16 双方总共战了七次，孟获被生擒了又放走。这次诸葛亮命人把孟获带往别的营帐中，安排酒宴压惊。

17 又派一将领对孟获说："丞相感到害羞，不愿意再见到你，特让我来放你回去，再召集人马，来决一胜负。"

18 孟获流着泪说："七擒七纵，是自古以来未曾有的事。我虽然远居蛮荒之地，也深知礼义，怎么能这样不懂羞耻呢？"说完，他跪在帐下，请求治罪。

19 蜀将把孟获带往帅帐，孟获一见诸葛亮，匍匐在地，放声痛哭，说：“丞相天威，我再不反叛了！”诸葛亮急忙把他搀扶起来，说：“孟将军今天服了吗？”孟获说：“子子孙孙深蒙大恩，怎能不服？”

20 冥顽不化的人也能被感动，正说明攻心胜于攻城，恕道的威力无穷。

恕

宽厚豁达之道

SHU KUANHOU HUODA ZHI DAO

周处勇除三害

1 周处是西晋时期义兴阳羡（今江苏省宜兴县）人。他小时候就死了父亲，家中的老母亲管不了他，所以，他养成了蛮不讲理的坏脾气。长大以后，他的性情更加暴躁，动不动便跟人动武。

2 他体格魁伟，力气很大，由着自己的性子蛮干，谁也不敢惹他。周处喜欢骑马打猎，只要发现飞禽走兽，不论是稻田还是麦地，都纵马狂奔，常常踏毁了成片的庄稼。

3 庄稼的主人见了也只是摇头叹气，敢怒而不敢言。要是有一天打不着猎物，他就在村中东游西逛，抓鸡射狗，闹得四邻不安。

4 村里人有了喜事，邀请邻人聚饮，只要他得到消息，就会强行闯入，状若无人，拿起酒就喝，举起筷子就吃，真是横行霸道，为所欲为。

5 本村和附近村庄的百姓都恨透周处了，但是又惹不起他，只好忍气吞声，背后把他和山上的猛虎、河里的蛟龙合称为“三害”，而周处是三害中最严重的一害。

6 有一天，周处又在村中闲遛，走过村头，看见有几个老人在谈论什么，个个愁眉苦脸，唉声叹气。他就凑到跟前，想听一听。

7 可他一来，人家就沉默了，啥也不说。他蛮横地问道：“老家伙，怎么见我就不吱声了，刚才议论了些什么，快跟我说说！”

8 那个老人瞟了周处一眼，不胜愁苦地说：“你没听说吗，咱们这里有三大祸害，把人们搅得日夜不得安宁？”周处连忙问道：“到底有哪三害？快快给我讲来！”

13 这一问，老人们面面相觑，吞吞吐吐，不知怎么回答为好。其中一个转弯抹角地说：“周壮士，只要先除掉虎、蛟二害，你自然就知道第三害了。”

14 周处也没心思细问，随即回到家中，手持利剑，身背强弓，就向山中走去。他在浓密的林中东寻西找，辨认虎踪。

15 忽然一声吼叫，仿佛半空中打了个响雷。周处躲到树后，弯弓搭箭，照准猛虎的咽喉射去。弓弦响处，老虎应声而倒，当即死去。

16 周处连歇也没歇，就直奔义兴河去。在河岸上看到蛟龙游来，就纵身跳到蛟龙背上。这蛟龙忽而沉入水底，忽而浮上水面，周处紧贴蛟龙的背，游出几十里，三天三夜没上岸，最后终于刺死了蛟龙。

17　这时村里的人早以为周处被恶蛟吃掉了，正在摆酒庆贺。周处回到村中，才知道村民正为自己被蛟龙咬死而庆贺，心中十分难过。

18　周处终于知道自己是“三害”之一，他决心改过自新，于是向名士陆机、陆云兄弟请教。陆云告诉他：“孔子说，‘朝闻道，夕死可矣’。”

19 虽然周处之前少不更事，祸害乡邻，但他幡然悔悟，开始虚心求教，说到做到，严于律己。

20 人们也原谅了他先前的错误，更敬佩他勇于改过的精神。

21 周处虚心学习，有求必应，尊敬老人，爱护儿童，始终以恕道为官待人，后来做了一方太守。

22 周处除三害的故事说明，以“恕”为本，一个恶人也可以改变，浪子回头金不换。

恕

宽厚豁达之道

SHU KUANHOU HUODA ZHI DAO

荀灌送信求救兵

1 晋怀帝永嘉四年（310 年），荆州一带有个小官叫杜曾，他利用流民起义的力量，乘机起兵反晋，攻城夺地，扩张自己的势力。在一连占领几座城池之后，杜曾带领大队人马包围了宛城。

2 当时，晋朝正派襄城太守荀崧驻扎在宛城，但手下的将士不多。杜曾围困了一段时间后，城内的粮草已十分匮乏，百姓正在忍饥挨饿。

3 荀崧召集将领和幕僚到官府中商量对策，他说：“现在杜曾大军压境，城内兵员短缺，粮草也即将用尽，大家要想出个万全之策。”

4 有的说要固守，绝不能出战，出战就等于送死；有的说内无粮草，外无救兵，固守也难，不战死，也得饿死。议论了半天，也没议出个好办法来。

5 这时，一位谋士走上前建议说："听说将军有位好朋友叫石览，他正在襄阳任太守，是否可派人到他那里寻求救兵？"谋士的话提醒了荀崧，他觉得此计可行，便马上命人展纸磨墨，提笔写了一封求援信。

6 荀崧封好信，向众人问道："谁能冲出重围，赶到襄阳，把这封信送给石太守？"从围城大军中杀出去报信，这谈何容易。大伙儿全都你看着我，我瞪着你，竟没有一个人敢领这个任务。

7 荀崧只好把信收了起来，在大厅里踱来踱去，连声叹息，满面愁容。

8 忽然，从屏风后传来一声虽然略带几分稚气却十分清亮的叫喊：“爹爹，女儿愿往！”随着声音，走出一个头梳发辫、身着戎装的小姑娘。她不施脂粉的脸颊上透着一股英气，炯炯有神的双眼扫视着大厅。

9 这个小姑娘是荀崧的小女儿，名叫荀灌。她在屏风后面早已听了多时，心想：“突围送信确有生命危险，不能怪将士不愿前往。别人不愿意的事，不要强加给人家。”

10 “为了解全城之危，去老父之忧，消百姓之难，我难道不能去送这封信吗？宁可舍生取义，也绝不坐以待毙。”想到这里，她就闯进议事大厅。

11 父亲一见女儿，又惊又喜又担心。那年荀灌才十三岁，荀崧怕她担负不起这么危险艰巨的重任，就对荀灌说："你愿去送信求援，这很好。不过，现在杜曾已把宛城围了好几层，你一个小女孩怎能完成这个重任？"

12 荀灌见父亲不放心，就急忙说："爹爹，女儿从小就跟将士们习练武艺，骑马射箭样样都会，挥刀舞枪也不在话下。我一定能把求援信送到，请爹爹放心！"

13 荀崧沉吟了半天，终于答应了。他认为既然女儿有胆量愿意突围送信，就应当让她去。女儿突围有危险，别人不是同样有危险吗？还是让亲骨肉去承担这份风险吧。

14 兵临城下，主帅要临危不乱，也要舍己为人，于是他毅然地把信交给了女儿。

15 荀灌接过信，揣入怀中，慷慨激昂地对将士们说：“现在宛城被困，诸位也被困，好比同舟遇难，如果城破家亡，大家都要同遭劫难。我不忍心看着将士百姓同归于尽。要知道，覆巢之下安有完卵？有愿意和我同去的请站出来。”

16 众将士被荀灌舍死忘生的精神和勇敢的行为所感动，踊跃上前，要求同行。他们说：“女公子尚且不惜生命，我们岂能贪生怕死？愿意做女公子的先驱！”

17 到了半夜，荀灌一行人收拾停当。只见荀灌头束战巾，身穿铁铠，手握三尺剑，来到城门，与父亲告别之后，飞身上马，冲出城去。杜曾的士兵急来拦截，全被荀灌和将士杀退。

18 荀灌赶到襄阳，把求援信呈给石览。石览见一个十三岁的女孩竟能突出重围前来求援，油然而生敬意，当即决定亲自带队伍去援救荀崧。

19 为了请到更多的救兵，荀灌又立即以父亲的名义草书一封，派人飞报寻阳太守周访，请求救援。

20 接着她自己和石览向宛城进发。

21 荀灌在前开路，跃马冲入敌阵，且战且进。在里应外合之下，终于杀退了杜曾。

22 遇有危难，多替别人想想，别人也会受到感召。难怪荀灌的芳名要流传千古了。

恕

宽厚豁达之道

SHU KUANHOU HUODA ZHI DAO

兄弟争夺毒酒

1 晋代琅琊郡有个叫王祥的人，小时候死了母亲，继母朱氏看不上他，对他一点也不慈爱，还常常在他父亲面前说他的坏话。

2 开始时，他的父亲不相信，认为王祥是个老实听话的孩子。王祥向来不和邻居的孩子们吵架，和他们处得十分友好，自己有了好吃的、好玩的，都和小朋友们一起分享，所以，他觉得王祥不会做出什么惹继母生气的事。

3 但是，朱氏是个心术不正的人，见王祥的父亲不相信她的话，就总在枕边“吹风”，说王祥的坏话，还编造许多谎言诋毁王祥。

4 朱氏说：“你这儿子不听话、不干活还不算，最近又学会了偷吃东西。昨天，我给你留下了一碗肉，今天就不见了。家中又没有别的人，准是他偷吃了。”

5 王祥的父亲经不住朱氏再三挑唆，渐渐不再喜欢王祥了，什么脏活、重活都让他去干，一点也不体恤他。

6 王祥是个老实厚道的孩子，对父亲和继母总是恭恭敬敬，不论做什么累活都毫无闲言怨气，总觉得这是自己应该干的。小小年纪，他就懂得体谅别人。

7 后来，朱氏又生了个儿子，起名叫王览。从此以后，朱氏对王祥就更刻薄了。朱氏视王览为掌上明珠，十分宠爱；把王祥当作眼中钉，非打即骂。

8 不过，王览是个性情温厚的孩子，同哥哥王祥很友好，对他很体贴，总是想方设法帮助哥哥。

9 王览只有四五岁的时候，每当看到母亲责骂或殴打王祥，就会扑上去抱着妈妈的两腿，阻止妈妈。

10 朱氏怕吓着自己的宝贝儿子，常常就住了嘴，停了手。

11 王览十来岁的时候，就和王祥一起读书。朱氏见王祥抓紧时间念书就来气，没活儿也找点事让王祥干。

12 每当这时，王览也放下书本，陪着哥哥一起去干活，逼得朱氏只好让王祥回来。不然，不把所有的事做完，王览是不会回来，不会一个人坐在屋中读书的。

13 王览十分懂事地对母亲说："我是您的儿子，哥哥也是您的儿子。尽管他不是您亲生的，但您也应当像对待亲生儿子一样对待他。您不愿意自己的儿子去做的事，也不应该让哥哥去做。"

14 朱氏怕耽误了王览的学业，就收敛了一些。王祥和王览长大以后，先后娶妻成家。

15　心胸狭隘的朱氏对王祥夫妇总看不顺眼，经常派他们做一些力所不及的事。王览见哥哥干活，就赶去帮忙；见嫂嫂做家务，就让妻子前去帮忙，弄得朱氏哭笑不得。

16　兄弟俩的父亲去世以后，朱氏对王祥更是常常虐待。由于王祥为人宽厚又有学问，在乡里的名气渐渐大了。朱氏害怕王祥超过王览，就对他特别嫉妒。

17 有一天，朱氏偷偷把毒药放进酒中，送给了王祥，想将他毒死。

18 王览对母亲的这一举动警惕起来，因为他从来也没见过母亲对哥哥这么好过，还亲自送哥哥酒喝，于是跑上前去，把酒瓶抢先夺到手中。

19　王祥对继母反常的做法也起了疑心，怕弟弟拿去有什么不测，就连忙抢上前去争夺。一个握住不放，一个拼力争抢，两人在屋中周旋起来。朱氏听见响动，急忙抢走酒瓶扔了。

20　从此，王览就和哥哥一起吃饭，有美酒他先喝，有佳肴他先举筷，朱氏也就不敢再在食物中下毒了。

21 哥俩克己待人、忠厚容让的美德传遍了州郡，远播京城。王祥被徐州刺史吕虔聘为别驾（州刺史最重要的副手）；王览得到皇帝嘉奖，后被任命为宗正卿。

22 王祥宽宏大度，从不和继母计较；王览总为哥哥着想，舍己为人，他们都体现了孔子“己所不欲，毋施于人”的精神。

恕

宽厚豁达之道

SHU KUANHOU HUODA ZHI DAO

皇甫绩自罚三十板

1 皇甫绩，字功明，隋朝安定郡朝那县（今甘肃东部）人。

2 他的父亲在北周时做过湖州刺史、雍州都督。皇甫绩三岁时，父亲就去世了，母亲把小皇甫绩领到外祖父韦孝宽家去抚养。

3 外祖父很喜欢这个外孙子，让他跟他的两个孙子一块读书。

4 男孩子生来就淘气，几个男孩子到了一块，就变着法儿玩。皇甫绩年纪最小，当然玩什么都跟着两个表哥了。

5 有一天，老师布置完当天背诵的段落和练习写的字以后就离开了。大表哥从祖父书房拿来一副围棋，跟二表哥偷偷下了起来。皇甫绩还在诵读《孟子·告子上》中的一段书。

6 正在这时，两个表哥下着棋，突然吵了起来。弟弟输了一盘棋，非要再下一盘不可；哥哥怕玩太久，被爷爷知道，说什么也不肯下了。

7“哎，你还背什么书？你背的书我都会。一会儿老师来检查你背书，我给你提醒。来，我教你下围棋。我比弈秋差不了多少。”韦家二小子这回可找到一个能捞回一盘棋的对手了。

8“我不会下棋。”皇甫绩说。“那怕什么？只要你专心致志，保证你也能成为一个‘通国之善弈者’，没准还能当围棋状元呢！”

9 皇甫绩想，孟子都说下围棋也得专心致志，一定有趣，就跟二表哥学下围棋。

10 下围棋最费时间。皇甫绩学得倒是很快，但要击败二表哥可不那么容易。这样，两个小家伙的围棋大战难分难解。正在皇甫绩执黑想吃掉对方一片白子时，门口传来外祖父那威严而恼怒的声音：

11“谁叫你们下棋，不读书？真是朽木不可雕也。今天的功课做完了吗？”

12“做……做完了。他们刚开始下棋。”大表哥给两个弟弟打掩护。

13“是做完了。爷爷，您不是说要教我们下棋吗？”老二撒了个谎，转守为攻。

14“外公，我们没做完功课。我背《孟子》还不太熟。大表哥背《离骚》，刚背不一会儿，就到您书房去拿来围棋玩上了；二表哥背《诗经•小雅》，倒挺认真，可也只背了一会儿就下棋了。”皇甫绩照实说了。

15“敢说谎，好大的胆子！”韦孝宽脸气得煞白，“来人！给我把这两个孽种各打三十大板！”

16 两个表哥屁股上都留下三十条红道子。韦孝宽叫过皇甫绩，抚摸着他的头说：“还是我外孙子诚实。”

17“外公，我没做完功课就玩，也该打三十大板。”皇甫绩跪在地上请求。

18“哎哟，我的外孙子，你爸爸扔下了你，你又长得这么单薄。老头子，就别打他了吧！”外祖母搂着皇甫绩哭着说。

19“外公，外婆，孩儿已经是学童了，再不知道用功，荒废学业，将来怎么能成才？这次我和两个哥哥一块儿淘气，就该照数打我三十大板。”皇甫绩说着，趴在地上。

20 就这样，皇甫绩的屁股上也留下了三十条红道子。

21 从此，皇甫绩潜心向学，博通经史，为隋文帝统一中国立下功勋。

22 勇于承认自己的缺点，这是一种美德，它常常是颇有建树的人通向成功之路的阶梯。

恕

宽厚豁达之道

SHU KUANHOU HUODA ZHI DAO

郗超不落井下石

1　郗超是东晋孝武帝时人，年轻时喜欢郊游，大度过人，被掌握军政大权的桓温召为征西大将军府幕僚。

2　当时，有个年轻人谢玄也在桓温那里做幕僚。他做事谨慎，富有才华。

3 两个年轻人各有所长，都很有才能。大将军府议事的时候，郗超和谢玄两人的见解常常不合，各自坚持自己的看法，又都年轻气盛，谁也不服谁，有时争论得脸红脖子粗，不欢而散。

4 天长日久，芥蒂越来越深，两人见面都绕道而行。后来，郗超被桓温提拔为中书侍郎，谢玄被朝廷任命为广陵相，两人虽然不再碰面了，但心中的隔阂并没有消除。

5 这个时期，北方的前秦逐渐强盛起来，统一了黄河流域后，又不断派兵进攻东晋。在几次小规模的战斗中，前秦军队屡屡获胜。

6 秦王苻坚一心想灭了东晋，统一天下，于是亲率步兵 60 万、骑兵 27 万，号称百万大军，水陆并进，气势汹汹地向东晋杀来。

7 强敌压境，形势十分紧张。东晋朝廷决定抵抗前秦的进攻，任命文武全才的宰相谢安为征讨大都督。

8 谢安让声望很高的谢石负责指挥全军，但是还缺少一个既有智谋又懂军事的前敌先锋。

9　东晋朝廷下诏全国，让朝野选贤荐能，推举人才，解除国家的危难。

10　谢安经过反复考虑，将推荐上来的各种人才加以认真比较，觉得还是自己的侄儿谢玄最适合做先锋，于是向朝廷推荐了谢玄。

11 消息传出，满朝哗然，文武大臣纷纷攻击谢安。有的说："宰相推举自己侄儿，这是任人唯亲。"有的还补充说："举亲，是本朝的忌讳。谢安竟敢触犯，以后朝中就都是他家的人了。"

12 有的说得更尖锐："这会贻误军机，有损国家。我们应该联名弹劾。"还有的人鼓动郗超领衔出面反对谢安。

13 因为他们知道郗超在朝中有举足轻重之势，过去又同谢安、谢玄叔侄有过嫌隙，现在正是他宣泄私愤和报复的好机会。

14 可是，郗超却静静地坐在一旁，闭目养神，一言不发。其实，他是在考虑抗秦先锋的人选问题。

15　他觉得谢玄确实有经国治世之才，暗想：大敌当前，我不应计较个人的恩怨。从前与谢安叔侄虽有些隔膜，一是门第之见作怪，二是少年意气用事。现在大敌当前，应以国家利益为重，一切个人私怨都必须服从国家大局。

16　想到这里，郗超猛地站起身，对大家说：“诸公的议论，本人不敢苟同。谢宰相为打退强秦，保卫国家，举荐了亲侄，正是摆脱了世俗的偏见，可谓明智之举。古人就有举贤不避亲的美谈，各位不应在这上面纠缠不清。”

17 有人不客气地问道："你怎么知道他是贤才？"郗超说："我曾同谢玄在桓将军府里共过事，对他的才能了解很深。我相信谢玄不会辜负宰相的推荐，他会在这次战争中显示杰出的军事才能。"

18 接着，郗超又举出许多事例，证明谢玄稳健干练，善于用兵。最后他说："如果让我推荐的话，我也会推举他的。"

19 大小官员见郗超如此胸怀大度，又说得有理有据，也就不再说什么。

20 晋武帝随即拜谢玄为建武将军，监领江北诸路军马。

21 谢玄带领八万将士阻击秦军。他要求秦军腾出一块空地作为战场，在秦军撤过淝水之时，出兵追击，大败秦军，留下了“草木皆兵”“风声鹤唳”等历史上著名的典故。

22 在可以落井下石的时候，郗超不仅不计私怨，反而极力支持与自己意见不合的人。唯有以国家为重，以恕道为本，才能做到这一点。

恕

宽厚豁达之道

SHU KUANHOU HUODA ZHI DAO

李世民不计旧怨

1 唐太宗李世民登上皇帝宝座之后，对曾经极力反对过他的人，没有杀戮，没有排斥，而是抛弃旧怨，不计前嫌，努力争取过来，委以重任，从而取得了旧臣的拥护，稳定了社会动乱的局面，推动了生产的发展。

2 魏征做太子洗马时，看到李世民的势力日益壮大，对太子李建成的地位是巨大的威胁，就对太子说：“如今秦王李世民屡有战功，又胸怀大志，不可不防。殿下应尽早下手，除掉这个后患。”

3 太子起初还优柔寡断，下不了决心，对魏征说：“李世民毕竟是我的兄弟，怎好下得毒手？”

4“当断不断，必受其乱。殿下不先发制人，后必被秦王所制，千万不要囿于兄弟的私情呀！”

5 魏征反复地陈说厉害，李建成终于下了决心。他特意摆下酒宴，召李世民前来饮酒，而事前已在酒中下了毒药。李世民喝完酒后，口吐鲜血，险些丧命。

6 武德九年（627 年）六月，李世民发动玄武门之变，杀死了太子李建成和弟弟齐王李元吉，魏征则成了阶下囚。

7“你身为太子洗马，不好好辅佐他廉明诚实，反而挑拨我们的兄弟关系，让他谋害我，真是用心险恶，当斩不赦！”看着堂下魏征，唐太宗就气不打一处来。

8 魏征听完，慷慨陈词：“正因为我是太子洗马，才要对太子忠心耿耿，始终为保住太子的地位尽心尽力。只可惜太子没有早一些听从我的劝告，才遭了你的暗算，招来杀身之祸。”

9　大家都为魏征的冒犯之词捏一把汗，可是李世民却赞赏他的忠诚和坦率，不仅没有治他的罪，反而任命他为谏议大夫。

10　李世民的重臣长孙无忌对李世民重用魏征很有意见，就单独进宫，向李世民表明自己的看法。

11“魏征是李建成一党的，当初竟想毒死陛下。陛下不杀他，就已经是天恩浩荡了，怎么还能重用他呢？陛下，说实话，我一见他就眼里冒火，怎能跟这种人同朝共职！”

12“魏征参与谋害我，正是他忠于太子的表现。既然他能忠于太子，就能忠于我，我用他也正是看中了这一点。连我都谅解了他，难道你们还不能谅解他吗？你千万不能小肚鸡肠呀！”

13“陛下宽宏大度，臣等十分钦敬。不过魏征也太飞扬跋扈了，他竟敢在朝堂上，当着众大臣的面顶撞陛下，这是冒犯皇帝的尊严。”

14“魏征敢直言进谏，正是他难得之处。他的犯颜直谏让我少犯了多少错误啊！无忌，你为吏部尚书，身负提拔和免除百官的重任，胸怀可要宽广一些呀。”

15“不能因为旧恶而埋没了人才啊。”李世民一席话说得长孙无忌连连点头，也觉得确实该尽释前嫌，不能老抱着旧账不放。

16　李世民为了进一步消除新臣和旧臣之间的隔阂，让他们同心协力辅政，特在九成宫里设盛宴招待群臣，让他们同席共饮。席间，李世民还专门赞扬了魏征敢于廷争面折的做法，希望大臣们向他学习。

17　魏征起身拜谢说：“我敢屡犯龙颜是因为陛下虚怀若谷，不念旧恶，还时时诱导我大胆提意见，不然，我哪有这个胆量？”

18　长孙无忌也起身说道：“原来我见了魏大人就分外眼红，恨不得一口吃了他。今天能在一起畅饮，是陛下不断教导我的结果。

19“今后我也要像陛下那样，学会容人。”太宗听了十分高兴，对他俩各赐钱十五万。

20“恕”的内涵十分丰富，不念旧恶正是其中之一。它教育人们，要善于原谅他人，理解他人。

恕

宽厚豁达之道

SHU KUANHOU HUODA ZHI DAO

唐太宗颁诏责己

1 唐太宗李世民是唐朝的第二位皇帝。他鉴于隋炀帝滥用民力，独断专横，乱法废纪，终于导致了农民大起义的教训，为了使唐王朝长治久安，除了实行一些开明的政策外，还制定了严格的法律。

2 他常常用法律约束自己，一旦发现自己的行为有违背法律的地方，就会在朝廷上当着大臣的面自责，向天下人公开自己的错误。

3 有一次，御史向唐太宗告发广州都督党仁弘贪赃枉法。唐太宗听了参奏，开始时不相信。他心想：党仁弘跟随我多年，东征西讨，很有才能，怎么会犯下这样的罪行呢？就没有准奏。

4 可是御史坚持奏本，说是证据确凿，绝不会冤枉他，如果不惩办他，臣心不服，百姓将何以见青天，皇帝的恩威何存！

5 唐太宗毕竟是个开明的皇帝，他深知如果不惩治贪官污吏，邪恶之风就会蔓延，百姓更要深受其苦，而他的龙椅也就会坐不稳。于是他下诏主管司法的大理寺，让他们将党仁弘拘捕归案，秉公审理。

6 大理寺卿和少卿经过多次审案，核查取证，证实党仁弘确实贪污了上百万的钱财，此外还有种种不法之事。在大量的证据面前，党仁弘也只好供认不讳，于是大理寺依据唐朝律法把他判处死刑。

7 当大理寺卿把审理结果禀奏给李世民请求批准时，他对这个判决竟一时犹豫起来。他认为党仁弘是个难得的将才，统兵杀敌，奋勇当先，为自己立下过汗马功劳，不应该处以死刑。

8 于是李世民就在送审的公文上御笔改判，把大理寺原来判决的死刑改为罢官免职，流放边远之地，准备给他个悔过的机会。

9 在“朕即国家”、皇帝就是法律的时代，百官对唐太宗这一改判，虽然心中有些不服，但也没有提出异议。

10 不过，唐太宗退朝后，对此事经过反复的思考，越想心中越不安，觉得自己不该让感情超越了法律，于是决心当众承认自己的错误。

11 第二天一上朝，唐太宗还没等大臣们出班奏事，就当众宣布："党仁弘贪污巨银，理当处斩。大理寺依法断案，公正无私。

12 "而朕顾惜私情，只念其当初有功于国，又有才能，竟赦免了他的死罪。这是偏袒旧臣，违背国法，会失信于民啊。私心竟让朕糊涂了。"说着，竟有些哽咽起来，再也说不下去了。

13 一些大臣看到这般光景，正想说几句宽慰的话，忽见唐太宗手拍龙案，沉痛地说：“国法是朕按照上天的旨意批准制定的。如今朕徇私乱法，理应受到惩戒。现在我要到南郊去，身居茅庐，沐浴斋戒，向上天谢罪三日。”

14 这一下惊动了满朝文武，他们纷纷跪下劝阻。宰相房玄龄连忙出班启奏：“陛下，何必如此自责。陛下虽然对党仁弘处置有失允当，但面对群臣深深地自责过了，臣等已知陛下的诚意。

15“如今有许多军国大事等着陛下处理，万望陛下不要到郊野去谢罪了。陛下要以龙体为重，以社稷为重。”众大臣也齐声说道。

16 唐太宗看看跪在地上的群臣，沉痛地说：“众爱卿能原谅朕，朕不能原谅自己。

17“我可暂不到郊外对天谢罪，但要颁发诏书，向天下昭示自己的罪过。”说完，提笔写了一道“罪己诏”。

18 唐太宗在“罪己诏”中说：“朕在处理党仁弘事件上罪过有三：一是知人不明，错用了他；二是以私乱法，包庇了他；三是赏罚不明，处置不公。”接着他命令主管大臣立即把“罪己诏”向全国颁布。

恕

宽厚豁达之道

SHU KUANHOU HUODA ZHI DAO

娄师德无私荐贤

1 娄师德，进士出身，唐高宗李治上元初年（674 年）入朝担任监察御史。在中国第一个女皇帝武则天当政时期，他担任过同凤阁鸾台平章事，位同宰相，掌理朝政。

2 在他做官近三十年期间，朝中屡兴大狱，罗织不绝，而他从未被殃及，屡屡升迁，以富贵终身。

3 这与娄师德为官清廉、富有才能、肯荐贤才有关，更和他器宇深沉、克己自守、与人无争、遇事辄让，深得“恕”道有关。

4 成语“唾面自干”，比喻受了侮辱也极度忍耐。其典故就出自娄师德教育其弟弟的故事。娄师德的弟弟将要到代州担任刺史，辞行时，弟弟说：“如果有人把唾沫吐到我脸上，我就把它擦干净，这算是忍耐吧。”娄师德却教育弟弟：“你擦干它，就违反了别人要发泄的本意。唾沫就等它自己干吧。”娄师德告诫弟弟遇事要忍耐，不可暴躁。

5 当时朝野上下更佩服娄师德不信流言，毅然举荐自己的政敌狄仁杰的壮举。

6 娄师德曾和狄仁杰同朝为官，后来狄仁杰调出京城，到地方上担任官职。狄仁杰认为这是娄师德在背后捣鬼，就常常心怀不满。

7 武则天曾任命狄仁杰为地官（户部）侍郎同平章事。狄仁杰刚正不阿，不肯谄事诸武，武攸宁就唆使酷吏来俊臣，暗地构陷，诬告他谋反，将他逮捕入狱。

8 狄仁杰认为自己遭到迫害也是娄师德在其中起了作用。出狱后，他就经常在同僚中散布娄师德人品不好的坏话，甚至在武则天面前也常常说些娄师德的不是之处。

9 这些流言蜚语早就传到娄师德那里，但他却充耳不闻，当作没有那么回事。娄师德“忍而有仁”还体现在他竭力举荐狄仁杰上。

10 有一次，武则天把宰相娄师德召进宫中，问道：“谁还可以担任辅政大臣？你可向我推荐。”

11 娄师德不假思索地说："讨平突厥的狄仁杰现任河北道大使，他可担此重任。"

12 武则天又问："听说狄仁杰心胸狭窄，不能容人，对你又多有误解，能胜任宰相一职吗？"

13 娄师德恳切地说："狄仁杰是文武全才，带兵能杀敌戍边，断案能削平冤狱，又敢犯颜直谏，确实是个难得的人才，千万不要因为小节掩盖了大德。我力举他为相，望陛下明察。"

14 听了娄师德一席话，武则天深感他胸襟广阔，不为流言所惑，也确实认为狄仁杰很有才能，就采纳了娄师德的荐举，把狄仁杰从河北道召回京城，任为内史（相当于宰相），让他和娄师德共理国政。

15 娄师德对举荐狄仁杰一事始终守口如瓶，不自诩，不居功，以致狄仁杰心中还藏着对娄师德的怨恨之情。

16 后来，娄师德率兵征讨契丹，事平归来，狄仁杰就把他外调为陇右诸大使，主管屯田积谷之事，接着又调任并州长史，兼天兵道大总管，就是不让他回京城。

17 武则天明白了狄仁杰心有介蒂，就有意要开导开导他。

18 有一天，武则天召狄仁杰进宫商讨政务。武则天就特别称赞娄师德知人善任，为人忠厚，故意向狄仁杰问道：“你看娄师德的品行如何？他在同僚中的威信如何？”

19 狄仁杰含糊地奏道："臣只是听说他带兵守边时曾有过战功，又听说屯田时他曾积蓄过一些粮食。至于他的品德如何，臣实在不清楚。"

20 武则天又问道："你不知道他举荐过贤才吗？""我不曾听说过他举荐过谁。"

21“朕能够用你为内史，就是娄师德的竭力推举。我看他的确有识人之明。”

22 狄仁杰顿时十分惭愧，不禁感叹道：“娄公盛德如海，一直包容我，我却没有发觉，看来我真是比他差远了！”

恕

宽厚豁达之道

SHU KUANHOU HUODA ZHI DAO

朱丹溪诚心拜师

1 朱丹溪，名震亨，字彦，元代著名医学家，因家住浙江省义乌县丹溪村，所以人们就尊称他为丹溪翁。

2 朱丹溪青少年时代，父亲、伯父、叔父先后死于疾病。三十岁的时候，母亲又患了肺病，请了不少医生都没能治好。为了救治母亲，朱丹溪自己找来古代医学经典《黄帝内经·素问》，钻研了五年后，居然治好了母亲的病。

3 朱丹溪参加科举考试时，听说在离家乡不远的金华县八华山上有位著名的学者名叫许谦，是南宋著名哲学家朱熹的四传弟子，于是就去听许谦讲学，后来成为许谦的得意门生。

4 许谦患着严重的风湿病，常常卧病在床。朱丹溪虽已粗通医术，但在这种痼疾顽症面前还是无能为力。

5 一天，许谦把朱丹溪叫到身边，对他说：“你跟我学了这么多年，要去应试，足够用了，可是，这世道……”朱丹溪了解许老师的想法，就说：“您对我的教诲终生难忘。”

6 朱丹溪说：“先生，不参加科举考试，怎样才能体现仁爱的胸怀呢？”许谦说：“如果你愿意，可以去廉江学医。凭你聪明过人的天赋，一定会学有所成，去解救那些像我这样被疾病折磨的人。”

7 于是朱丹溪把多年来准备参加科举考试的资料拿出来全烧了，断绝了自己走科举仕途之路，一心攻读医书。

8 医学是一座迷宫。医书上讲的理论，朱丹溪读过之后好像弄明白了，可一到临床实践，就会发现又有好多难解之处。如果遇到复杂多变的重病难症，就更是如堕五里雾中。

9 朱丹溪亲手抄写了南宋陈师文、裴宗元编的《校正太平惠民和剂局方》，朝夕诵读，反复揣摩。可是，这部汇集了历代行之有效的名方的权威著作里也找不到一个方子能治好许谦的病。

10 他又请教了家乡的不少医生，都没有得到满意的答案。

11 医学上难以进益，朱丹溪下决心离家寻访名师。

12 他从义乌出发，途经浙江、安徽、江苏许多名城，到处虚心请教，渴望找到一位有真知灼见的老师。可是走了一圈，历尽艰辛，屡遭挫折，一无所获。

13　他回到杭州，正在为自己的徒劳而返怅然若失的时候，有一个朋友来告诉他：“要找名师，何必舍近求远？杭州罗知悌是金朝医学大师刘完素的再传弟子，你去找他吧！”

14　朱丹溪喜出望外，立刻准备了拜师之礼，第二天清早就到罗知悌家门口去求见。这一年朱丹溪已经 44 岁了。

15 罗知悌从小入宫，在南宋理宗朝当寺人，也就是小太监一类的人。南宋灭亡后，罗知悌到庙里当了和尚，跟刘完素的弟子荆山浮屠学医，医道很高，这时已 80 多岁了，号称太无先生。

16 他心胸狭隘，受佛学影响很深，对儒门弟子怀有偏见。所以一听仆人禀告说朱丹溪求见，他立刻拉长了脸："不见。"仆人赶紧到门口告诉朱丹溪："先生正在打坐，不能见客。"朱丹溪只得怏怏离去。

17 过了几天，朱丹溪又去拜见罗知悌。仆人一见是朱丹溪，就说：“你怎么又来了？太无先生不在家。”

18 朱丹溪连吃了两次闭门羹，觉得脸面上很过不去，但一想到许谦老师及无数病人愁苦的面容，就把自己的面子放到一边，更加诚笃地去造访罗知悌。

19　他连续几次到罗家门口垂手站立，下雨天也打着伞一动不动地站在那里恭敬等候。就这样，他坚持了三个月。

20　一天，罗知悌的一个好朋友来串门，在门口看见了朱丹溪，就对罗知悌说："朱丹溪在江南学子中威望很高。他这样诚心求见，你还将他拒之门外，可要伤透江南学子的心啊！"

21 罗知悌也觉得自己太过分了，就吩咐仆人：“有请朱丹溪！”

22 朱丹溪终于用一片真诚感动了罗知悌，找到了寻访多年而未得的名师，成为一位杰出的医学大师。

恕

宽厚豁达之道

SHU KUANHOU HUODA ZHI DAO

以实心行实政的康熙

1 康熙，姓爱新觉罗，名玄烨，八岁即位，六十九岁去世，是清朝定都北京后的第二代君主。康熙在位达六十一年之久，是我国历史上当政时间最长的皇帝。

2 康熙大帝平定了吴三桂等人的三藩之乱，降服了郑成功的孙子郑克塽，实现了台湾回归。

3 他领兵驱逐了盘踞东北边境的沙俄入侵者，三次亲征蒙古族分裂势力噶尔丹，调遣大军安定西藏，勾画出今日中华疆域的轮廓。

4 他主持编纂的《佩文韵府》《渊鉴类函》《康熙字典》《古今图书集成》等巨著，至今耸立在华夏文化园林之中，嘉惠学者。

5 玄烨自幼酷爱读书，在儒家思想熏陶下成长。但他并不盲目相信古书的记载，有时甚至持怀疑态度。例如，《史记》载，项羽坑秦卒二十万。玄烨说：“夫二十万卒岂有束手待毙之理乎？”

6《晋书》记载车胤“夏日则练囊盛数十萤火以照书”，玄烨曾让宫女捕萤火虫，结果表明囊萤的幽光并不能照亮书本。

7 玄烨是一位杰出的战略家，几次重大军事行动的战略决策与部署，都是他亲自主持的。

8 他熟读兵书，并提倡官兵读兵书，但他并不拘泥于书本。他说：“武经七书，朕俱阅过。其书甚杂，未必皆合于正。所言火攻水战皆是虚文。若依其言行之断无理。”

9　康熙一生在治理黄河水患上倾注了极大的热情。1667 年夏天，康熙刚刚亲政，这位十四岁的少年皇帝就遇上一场大水，哀鸿遍野，江南粮船无法沿运河北上京师。

10　他反复考察历代治河的文献资料，选派得力的治河官员，决心一劳永逸地治理黄河。但在当时的财力、物力、人力及科技条件下，根治黄河水患是极为困难的。

11 康熙先后六次南巡，视察黄河工程，向各地专家、民众了解治黄良策，想办法“驯服”这条桀骜不驯的河流。

12 康熙不务虚名，尤其不喜欢臣下过分颂扬自己，经常反躬自责，并鼓励别人纠正自己的过失。

13 他写得一手好诗文，常常与群臣讨论文章得失，鼓励臣下“润色改易”。

14 1684年，他写了一篇游五台山的碑文，许多人赞不绝口，他却觉得“结构未能精当”，并指出“近人每一文出，不乐人点窜，此文所以不工也”。

15 康熙弓马娴熟，行围打猎，箭不虚发，随行人员都佩服他，他却说：“这都是幼年时受侍卫阿舒默尔指点的结果。”

16 身处至尊之位，当政时间越长，取得成就越大，就越容易陷入歌功颂德的泥潭。当时，内阁草拟的文件里经常出现“德迈二帝，功过三王”等语，康熙对大学士们说：“一切颂扬之文，俱属无益。”命令他们少在文章中用颂扬自己的话来“铺张凑数”。

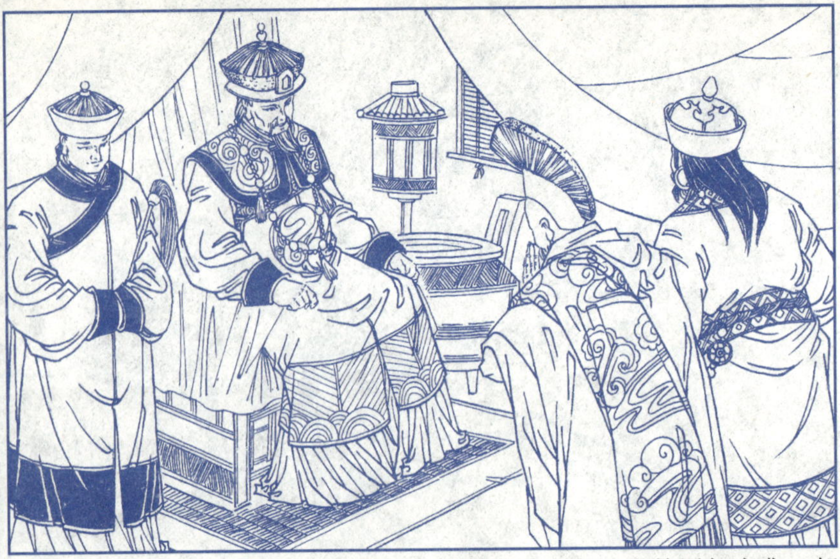

17 然而颂扬之风总有人刮起。每逢皇帝大寿，登基周年庆典，朝廷取得重大胜利，诸王、贝勒、大臣、蒙古王公及喇嘛等纷纷请求给康熙加上一些尊号。

18 例如，1721年为庆贺他御极六十年，所上的尊号多达20个字。康熙一针见血地指出：“从来所上尊号，不过将字面上下转换。此乃历代相沿陋习，特以欺诳不学之人主。”据统计，臣下联名先后给康熙上尊号十余次，均被他严词拒绝了。

19　直到1722年11月13日逝世，康熙才不得不接受这样一个长长的尊谥：合天弘运文武睿哲恭俭宽裕孝敬诚信功德大成仁皇帝。

20　其实，康熙对自己的评价更恰当：“惟日用平常，以实心行实政而已。”

编后记

以《中华文圣——孔子》为代表的中华优秀儒学传统文化中的精华“诚”“信”“忠”“孝”“仁”“和”“礼”“义”“恕”“廉”“智”“行”的系列故事共13册大型原创手绘连环画丛书，是我前后历经17年业余时间搜集、阅读、整理、编写的成果。在2019年8月，这套共13册的大型原创手绘连环画丛书，终于由东方出版社出版，完整地呈现在读者面前。我17年的煎熬，虽苦犹乐，甚感欣慰。

出版这套大型原创手绘连环画丛书，是我多年的热切追求和梦想。正所谓“路曼曼其修远兮，吾将上下而求索”！几十年来，在我日常生活或社会交往中，在车站、机场、码头或其他公众场所，常见到“无尊长、无敬畏、无廉耻、无忠孝、无礼让、无诚信”等道德缺乏、行为失范的社会现象，引起了我的深刻思考：难道历经数千年的中华民族优秀传统文化在当今就没有用了吗？然而，纵观世界先进国家的发展历史，我深切地感受到：一个具有优秀素养的民族，乃国家强盛的根基；尤其是在社会不断开放，科技飞速发展，传播手段多样，各种文化现象、思想相互碰撞冲击的今天，弘扬传承中华民族优秀的传统文化，尤显迫切和重要，仍具有重要的现实意义。

编辑出版中华民族人文修养经典故事丛书，愿中华民族优秀传统文化的人文核心价值，在国家发展的历史进程中，重塑“引领风尚、促进和谐”的精神文明，让全社会进一步树立扬善去恶、明辨荣辱的观念，构建“助人为乐、以和为贵”的良好人际关系。让优秀的传统文化如春风、似春雨，滋润更多人心，让千年文明之光照耀中华大地。

“明理须读书，立德先修身。”我苦心孤诣策划出版这套大型原创手绘传统连环画丛书，意在用通俗易懂的方法和以事感人、以理服人的大众传播方式，弘扬传承中华民族的优秀文化。本丛书用许多故事来反复印证主题——“读书百遍，其义自见”，试图对广大青少年和社会大众在加强修养、提升个人素质方面起到潜移默化的作用，以中华民族优秀传统文化的伟大力量，去激发中华儿女昂然崛起的生命冲动，实现中华民族的伟大复兴！

如是，则民族幸甚，国家幸甚，天下幸甚！

由于学识有限，加之该文化工程面宽量大，难免有疏漏错误之处。主观上想扬弃和倡导的东西，客观上未必尽能如愿，希望读者朋友评点是非，明勘谬误，求其正范。

“中华民族人文修养经典故事”丛书
李彗生
2019年5月